EMPODERA TUS
PENSAMIENTOS
POSITIVOS

EMPODERA TUS PENSAMIENTOS POSITIVOS

APRENDE CÓMO OBTENER
LO QUE QUIERES DE LA VIDA

LINA ROLDÁN

EMPODERA TUS PENSAMIENTOS POSITIVOS

Aprende cómo obtener lo que quieres de la vida.

LINA ROLDÁN

DISEÑO DE PORTADA: Cynthia Torrez y Sebastián Carignano www.elise.com.ar
DIAGRAMACIÓN Y DISEÑO DE INTERIORES: Cynthia Torrez y Sebastián Carignano / www.elise.com.ar
EDICIÓN: D'Paz Editorial

ISBN: 978-0-578-42409-5

Lina Roldán, la autora, es administradora de empresas, empresaria, profesora universitaria y conferencista.

Toda la información contenida en este libro está basada en su experiencia personal y la recopilación de información a través de lecturas, vídeos y talleres de crecimiento personal. Esto incluye la aplicación de estos términos y principios en su propia vida, bajo su exclusiva responsabilidad, de forma exitosa.

Primera publicación: diciembre 2018

Publicado en los Estados Unidos De Norteamérica

*A mis padres, por darme la vida y el amor
de la manera más genuina posible.*

*A cada ser que ha formado parte de mi historia,
por regalarme la experiencia necesaria en el
momento preciso para mi tránsito y crecimiento
espiritual. Se los agradezco.*

*A mi Betsy adorada, por ser mi compañera ideal,
mi amiga, mi confidente, mi maestra y
esa silenciosa compañía que ha convertido mis
días y noches en aventuras inolvidables. Te amo.*

*A la Magna Presencia de la Divinidad, por
manifestarse de todas las maneras posibles y
mostrarme la magnificencia creadora en mí.
Yo Soy el Yo Soy.*

*Y a ti, que tienes este libro en tus manos, por tu
voto de confianza.*

ÍNDICE

IV. APRENDIENDO A AMAR

V. PERDÓN: LA PALABRA TERAPÉUTICA

VI. UNA VIDA DE ABUNDANCIA Y PROSPERIDAD

VII. NUESTRO PODER CREADOR

INTRODUCCIÓN

¿Se puede cambiar el destino? ¿Puede borrarse el dolor y comprender lo que nos sucede en la vida, incluido el abuso? ¿Podemos enmendar el camino? ¿Es posible aprender a amar de verdad y ver como maestros a quienes consideramos que nos han causado daño? ¿Se puede ser próspero empezando una y otra vez de la nada? Sí, se puede. Yo pude. Y tú también puedes hacerlo.

Comencé a escribir este libro, sentada en el balcón de mi apartamento, frente a la espectacular bahía de Biscayne, en Miami. Sobre un piso 35, en un lugar donde mi amada Betsy —mi compañera de cuatro patas por los últimos doce años— puede pasar tranquila sus últimos días. Un sitio que, cuando llegó a mí, me era imposible costear, pero sucedió, tal y como han llegado todas y cada una de las cosas que he necesitado y he querido por los últimos cuarenta años: deseándolo, decretándolo y creándolo.

No se trata de milagros, ni negocios extraños, ni de brujería. Es simplemente el hecho de haber aprendido a descubrir a la divinidad creadora en mí, la misma que tenemos todos los seres humanos y que nos hace capaces de crear la realidad que queremos. Es esa divinidad con la cual me conecto diariamente, a cada instante, pidiéndole con humildad y honestidad que se haga cargo de mis necesidades, tal y como las conoce. Y algo muy importante: que aquello que funcione para mí, ocurra en completa armonía con el resto del universo.

Si una niña colombiana, de clase media, abusada sexualmente como lo fui; criada en un ambiente de violencia diaria, de situaciones que aquí llamarían "disfuncionales", logra salir adelante, realizarse en cada aspecto de su vida y crecer no sólo física, sino, profesional, económica y espiritualmente, aprendiendo a "crear" todo lo que quiere... Créeme que tú puedes hacerlo.

Mi vida en muchos aspectos quizás no es distinta a la tuya. Seguramente a través de estas páginas te identificarás con muchos episodios. Algunos te parecerán demasiado osados para tu forma de ver las cosas. Y en cambio otros, te pueden parecer como capítulos de una intensa novela (también a veces he sentido que lo es). ¡Y es que la vida es de novela! Nos sorprende una y otra vez con situaciones inesperadas, momentos añorados, otros que parecen arrancarnos el corazón a mordidas y otros tantos que quisiéramos borrar de nuestra memoria. Pero todos y cada uno son parte importante de nuestro camino. La gracia consiste precisamente en vivir cada uno, aceptarlo como parte de nuestro paso por este plano físico, disfrutarlo, saborearlo, ya sea dulce o amargo y, aprovecharlo.

Decidí compartir mi historia contigo, con toda la humildad del mundo, pues después de años de contar en privado algunos episodios a mis amigas, a personas que conocía en mis caminatas diarias, en seminarios o reuniones... Siempre terminaban sugiriéndome que lo hiciera.

Hasta entonces, nunca había pensado que mi historia de vida pudiera servir a otros, pero a través de los años y de decenas de experiencias he comprendido que todos somos maestros y aprendices, unos de otros, en una relación simbiótica sinfín.

En este libro no encontrarás drama, porque a pesar de que también he experimentado momentos difíciles y dolorosos, como todo el mundo lo ha hecho, he aprendido a mirarlos desde otra perspectiva, completamente ajena a la de víctima.

La "victimización", lejos de ayudarnos a superar los obstáculos, los hace lucir monstruosos. Es como un lente de aumento que convierte una figura regular en un dinosaurio de fauces enormes, listas para aniquilarnos de una mordida. También nos lleva a perder la posición de neutralidad que necesitamos para observarnos, para apoyarnos y surgir a partir de nuestras fortalezas. El rol de "pobrecitos de la historia" en definitiva no nos sirve para nada.

Nadie vive lo que no le corresponde. Por más injustas o dolorosas que parezcan las experiencias, todas tienen un sentido, una razón de ser y una enseñanza. Aprender a descubrirles es la clave de nuestra historia de éxito.

A través de estas líneas encontrarás situaciones que fueron las que me correspondía vivir para encontrar mi ruta y las cuales me enorgullezco de haber experimentado. Y sobre todo, encontrarás algunas de las herramientas, rituales, ejercicios y puntos de vista que me han servido para descubrir ese sentido profundo que ha tenido cada situación en mi vida.

Siempre he vivido "al filo de la navaja", entre momentos de magia, en los cuales todo parece estar perfecto, en los que consigo crear cada situación y cada cosa que anhelo, así como en otros en que pareciera que voy cuesta abajo, donde esa magia de pronto se disipa, para obligarme a crear nuevamente. Y es que así funciona la vida. Jamás dejamos de crecer, de crear, de manifestarnos, de evolucionar, de aprender, de amar y armar nuevas formas, hasta nuestro último aliento.

No hay mayores secretos para conseguir la vida que queremos sino desearla con la mayor intensidad, decretarla tal como la añoramos y sentirla como si ya fuera parte de nuestra realidad, con confianza, con fe, con agradecimiento, con generosidad y amor verdadero. Viviéndola con sus dulces y amargos, disfrutándola en todas sus formas y en cada episodio, sin culpas, sólo en consciencia de que es nuestra y somos responsables de VIVIRLA a plenitud.

Yo Soy la Vida, Yo Soy la Energía, Yo Soy la Fuerza Creadora de todo lo que necesito y merezco, en Armonía Perfecta con el Universo.

Te invito a conocer parte de mi proceso.

I. MI PUNTO DE QUIEBRE

CAMINO A UNA NUEVA LINA

Cada día, después de almorzar, me sentaba junto a la ventana de mi espectacular oficina en altura, a mirar lo que sucedía en las bulliciosas calles de Hato Rey, el distrito financiero en el corazón de San Juan, Puerto Rico. Llevaba un año viviendo en la Isla del Encanto, con un puesto de ejecutiva en una prestigiosa institución bancaria. Un deseo que había pedido con fuerzas al universo cuando vivía en Medellín y que, como siempre, éste me había cumplido. Pero no todo había sido color de rosa... Por el contrario. Muchas veces el dolor de las espinas caló tanto en mí, que me llevaba a cuestionarme qué hacía en ese lugar, lejos de mis olores, de mi bandeja paisa y de todos mis sabores, de mis montañas, mis costumbres y mi gente.

"Qué maravilloso sería poner en Puerto Rico un negocio de productos colombianos, que son tan buenos", pensaba cada día, mientras observaba el entorno. "Lo que hay disponible no se entrega a tiempo y el servicio es tan malo", divagaba, mientras comía un sandwich boricua, en el único momento de paz que tenía durante las agotadoras y desagradables jornadas de trabajo.

Diariamente esos pensamientos venían a mi cabeza como una idea, como tantas otras que pululaban por ahí, sin ninguna intención ni una estrategia para concretarla. Pero la vida es sabia y, cuando nosotros no nos dejamos ayudar, porque sentamos bases en nuestra zona de confort, ella misma nos empuja, obligándonos a tomar acción. Y es que para los seres humanos pareciera ser más fácil adaptarse al mal trato, a las incomodidades y a las injusticias cotidianas, siempre y cuando quincenalmente tengamos un cheque en la mano. O bien, contemos con algunos servicios, con bonos, vacaciones pagadas, estatus, etc. No logramos visualizar que la vida es mucho más excitante y maravillosa, y que todavía hay mucho más para nosotros. Hay total abundancia, prosperidad y opulencia, pero ubicadas en nuestro discreto lugar no logramos verlas y lo que es peor, no nos sentimos capaces de lograrlas... Menos aún, de merecerlas.

Así estaba yo, aguantando a un jefe que no me quería, que hacía hasta lo imposible por verme tropezar, encontrando alguna excusa para sacarme de la compañía, poniéndome trampas y vigilando cada movimiento que realizaba... Bien dicen que se juzga de acuerdo a la condición y cuando aparece alguien con arrebatos de paranoia, creyendo que todo el mundo está en su contra, con algún plan macabro detrás para clavarle un puñal, lo más probable es que sea ésa su conducta con el resto y sea precisamente a lo que le tema.

Era lo que ocurría en ese instante en la empresa y lo sabía. Pero estaba allí, ocupando el puesto por el que había dejado mi país, mi familia, mis amigos y mis costumbres. No podía regresar derrotada, más aún si mi desempeño, a todas luces, era impecable. Lo sufría, pero seguía dando la pelea cada día.

El año 2004, sin embargo, ocurrió un episodio que sin lugar a dudas fue un "parteaguas" en mi vida... Un antes y un después en "las peripecias y aventuras de Lina Roldán". Un momento que no esperé, para el que pensé que no estaba preparada, pero que, sin tener consciencia de esto, me había encargado de crear y atraer, así como había forjado las bases espirituales para salir del mismo, con ventajas y ganancias.

Un viernes de mediados de mayo de ese año, estaba lista para iniciar mis primeras vacaciones rumbo a Colombia desde que me había mudado a la Isla del Encanto. Era una ocasión especial, pues también sería la oportunidad en que mis padres conocerían a mi novio boricua: José, el ángel que mi madre tanto había pedido para mí.

Entré a la oficina de mi jefe, con todos los documentos y proyectos pendientes en orden, para facilitar el trabajo de quien se quedara en mi reemplazo durante esos días. Su respuesta a mis comentarios y detalles, en cambio, fue una carta. Y no una cualquiera, sino el famoso "sobre azul"... O sea, una carta de despido.

—El banco ha decidido no contar más con sus servicios— me dijo, con toda la frialdad del mundo.

De un momento a otro, me había quedado sin trabajo, de manera totalmente injustificada, con una serie de compromisos y deudas que acababa de adquirir en un país que no era el mío.

Me preocupaba lo que vendría, pero, por alguna razón, mientras salía de ese lugar cargando tres cajas de oficina, con mis escasas pertenencias, sentía internamente una mezcla de incertidumbre y alegría. Estaba abandonando el sitio que, si bien, me había proporcionado la seguridad económica, también me había atormentado durante un año completo, día tras día.

"Dios mío, ¿ahora qué voy a hacer?", pensaba. Pero muy adentro, presentía que algo muchísimo más grande estaba por llegar.

Aquel día fue mi punto de quiebre entre todo lo que había construido, aprendido y experimentado hasta entonces y su puesta a prueba... El momento en que el universo me empujó a quedar en un aparente limbo, que me obligó a sacar la esencia de mi divinidad creadora y comenzar a hacer realidad verdaderamente "una nueva vida", moldeada según mis necesidades y deseos.

En ese primer instante todo parecía tenebroso, la peor situación de inestabilidad migratoria, financiera, emocional... Sin mi familia cerca para contenerme y con ese amargo sabor que dejan las circunstancias que sentimos que han sido "injustas", que no merecemos. Sin embargo, ese oscuro escenario se confabuló para obligarme a brillar de verdad, a poner en práctica todo lo que hasta ese momento había aprendido de la creación de nuestra realidad. Y lo hice.

Esa idea "loca" que cada día cruzaba mi mente mientras almorzaba en el banco, comenzó a tomar forma. Y aunque no tenía dinero para llevarla a cabo, cada pieza necesaria para lograrlo fue llegando. Al fin y al cabo todo estaba dado. Sin saberlo, me había estado preparando durante toda mi vida para ese instante.

A partir de entonces nació Lina, la empresaria, dueña de su tiempo, de sus finanzas y de su destino.

II. LOS VIEJOS PATRONES

ENTENDIENDO DE DÓNDE VENGO

Toda historia, debe ser contada desde el principio para comprenderla... Y la nuestra, contada para nosotras también. Pero ese principio no comienza el día en que nacemos, sino muchas décadas antes, incluso, siglos. Somos producto de historias previas, a veces "víctimas de otras víctimas" y en otras, de "victimarios". Somos el resultado de romances inmortales, de matrimonios arreglados, de relaciones trágicas, otras que son pura dicha o por el contrario, patéticas y como detenidas en el tiempo, así como también podemos ser el resultado de la ignorancia y los abusos.

La mía, oficialmente comenzó el 27 de marzo de 1969 en Medellín, Colombia, bajo el signo de Aries. Si me guío por esa marca astral, podría decir que soy un cúmulo de entusiasmo y energía permanente, aventurera por naturaleza, libre como el viento y pésima recibiendo instrucciones, pues el liderazgo me aflora de manera innata. Soy además rebelde y llevada a mis ideas. Y a decir verdad, estas características son bastante certeras.

Fui la primera hija y primera nieta de ambas familias. Mis padres eran apenas unos adolescentes cuando se casaron y por lo tanto, muy poco preparados para una responsabilidad tal, como es la paternidad. Mi madre tenía apenas 16 años cuando dio el "sí". Producto de esa inmadurez no sólo emocional, sino también física, a los 17 había perdido a su primer hijo en un aborto espontáneo y ya a los 18 me tenía entre sus brazos. Mi padre, por su parte, tenía 21 años cuando se casó y a los 23 ya era un hombre de familia.

Ambos crecieron y se educaron en una sociedad extremadamente machista y violenta. Por lo tanto, en mi hogar se repetía ese modelo. Y cada día, casi como un ritual para marcar territorio, mi padre le daba una dosis de maltrato físico y emocional a mi mamá, incluso, mientras estaba embarazada o cuando me amamantaba.

En mi cabeza pululan muchas de las escenas de terror que presencié durante mi infancia... Ellos discutiendo, peleando hasta llegar a los golpes y todo lo que se desencadenaba de ahí en adelante.

En una ocasión, cuando tenía unos ocho años de edad, al sentir los gritos desesperados de mi madre, entré corriendo a su habitación. Y allí estaban... Como si fueran contrincantes en una batalla de lucha libre y ambos estuvieran a la par en estatura y peso, mi padre, con una mano la tenía inmovilizada, mientras usaba la otra para golpearla contra la pared. La imagen fue dantesca... pavorosa.

Mi reacción inmediata fue lanzarme contra mi padre para tratar de detenerlo y lo único que atiné hacer fue morderlo, para obligarlo a soltarla. Pero era un hombre corpulento, muy fuerte y mis intentos poco lograron contra él. Fue tal el escándalo que se armó, que los vecinos se encargaron de llamar a la policía para que intercediera. A fin de cuentas, era algo de rutina y el vecindario entero estaba enterado del estilo de vida que se daba en mi casa.

Todavía, al recordarlo, me parece ver a mi madre golpeada y ensangrentada, mientras escucho sus gritos y su llanto. Confieso que hasta la actualidad, me cuesta ver una escena similar en algún reportaje o incluso, si es ficticia en una película. Me impacta muchísimo, porque son imágenes que se guardan por ahí, en algún recoveco de mi memoria.

Durante años odié con todas mis fuerzas a mi padre. Me dolía y no entendía su comportamiento. Lo criticaba día tras día. Me parecía un hombre, además de cruel y prepotente, frívolo. Un personaje como sacado del cine, con aires de galán pero incapaz de cuidar a su familia. Mientras que a mi madre, en mi mente, le cuestionaba constantemente su inercia, su falta de coraje y determinación para abandonar esa vida miserable que tanto daño físico, emocional y moral le causaba... En realidad, nos causaba. No comprendía cómo no tenía las agallas para ponerle punto final e iniciar un nuevo capítulo que nos permitiera ser felices.

Al ir creciendo, sin embargo, comencé a indagar sobre la vida de mis padres, sus recuerdos de infancia, sus experiencias y las historias de mis abuelos. Y en todo ese proceso, me fui dando cuenta de que en la mayoría de las ocasiones lo que hacemos es repetir patrones.

Mi madre también se crió en un ambiente de violencia y de machismo. Por lo tanto, ese comportamiento para ella era normal y casi parte del matrimonio, algo completamente válido. Mi abuelo materno bebía, era mujeriego, infiel y según su creencia, la mujer era quien se encargaba de criar a los hijos y de la casa. Mamá, que fue la hija mayor, debía ayudar a la suya en estas labores, haciéndose cargo desde que tenía nueve años de sus cinco hermanos más pequeños. Es decir, se convirtió en la responsable de unos niños siendo ella una más. Su propia infancia le fue arrebatada y cuando uno de sus hermanitos causaba algún problema o hacía algo incorrecto, por mínimo que fuera, el castigo era para ella, pues eran su responsabilidad... "para eso estaba". Por esta razón, cuando apenas había crecido y vislumbró la más mínima posibilidad de abandonar esa realidad tan dolorosa y cruel, la tomó, sin imaginar que podía ser todavía más compleja.

Mi papá, por su parte, perdió al suyo a los 11 meses de nacido. Su madre, con 17 años ya era viuda y no tuvo más opción que regresar a la finca de sus padres, en Supía, un pueblo campesino del departamento de Caldas, al centro de Colombia, con su bebé a cuestas. Todavía era una niña que se había saltado etapas, pero seguía con deseos de jugar, de brincar y de realizar las actividades normales de su edad. Para hacerlo, dejaba al bebé en una caja de madera y se escabullía por el campo a disfrutar del día con los muchachitos que encontraba en las cercanías. No captaba su responsabilidad con ese pequeño que no era un muñeco, sino su hijo, de carne y hueso, con necesidades físicas y emocionales. Entre las anécdotas que se contaban en la familia, decían que muchas veces encontraron a mi padre, con sus heces esparcidas por la cara, pues el hambre y el aburrimiento lo hacían comérselas, mientras su madre corría entre los montes.

Con el tiempo, mi abuela paterna se volvió a casar, pero frente a toda la irresponsabilidad que había mostrado con su hijo, sus padres le pidieron que se los dejara para encargarse de criarlo. De esa manera, papá también creció en medio de mucha violencia, pues mis bisabuelos pertenecían a esas típicas familias, especialmente de antaño, en las que el hombre solía llegar borracho, golpeando a su mujer, como si fuera parte de la cotidianidad... Tan normal como colgar el sombrero y cerrar la puerta al entrar.

Esos son muchas veces los patrones con los que crecemos y que nuestro inconsciente va registrando como algo normal. Y esos fueron los que marcaron la crianza de mis padres.

Mi madre ni siquiera terminó su bachillerato. Su único anhelo era salir de su casa, abandonar ese círculo de golpes, gritos y violencia. Mi padre, todo un conquistador, alto, bien parecido y fornido, la persiguió hasta casarse con ella. No tenían un centavo, ni la preparación para enfrentar las responsabilidades y menos aún, los conocimientos básicos de cómo era la vida en un matrimonio, pero ambos querían huir de sus realidades. Y ésa fue la vía de escape que los unió.

Como mi mamá fue una niña que no vivió su niñez ni su adolescencia de manera normal, no tuvo la contención y consejos de una madre, nadie le explicó los cambios que iría experimentando a medida que creciera, cómo enfrentar su sexualidad y los detalles íntimos de la vida en pareja. Algo que ha pasado durante siglos y siglos, especialmente en zonas rurales, alejadas o muy conservadoras, donde todo lo relacionado a sexo es tabú. Esto ha generado que gran parte de los seres humanos hayamos sido procreados a través del abuso sexual y de la violación, pues muchas de nuestras madres, abuelas y bisabuelas no estaban educadas en la sexualidad y eran obligadas "a cumplirle" a sus hombres, a quienes tampoco les explicaron cómo debían comportarse y que no se trata sólo de penetración, sino además de caricias, de entrega, de detalles, de sutileza... de amor.

Recordemos que a la mayoría de los hombres en nuestros países los obligaban (y en muchos casos aún lo hacen) a convertirse en "machos" y a conocer de sexo a través de prostitutas, de una vecina muy osada, de la empleada de la casa o de una prima mayor, quien los abusaba

23

con la excusa de que les estaba "enseñando a ser hombres". Durante generaciones hemos sido producto de pedofilia, de abuso y de malas prácticas. Y sobre todo, de la ignorancia.

Parece increíble, pero hasta hace pocos años, en muchos lugares incluso los embarazos se ocultaban, porque no eran considerados un proceso hermoso. Y las mujeres que perdían un bebé ni siquiera lo podían mencionar. En mi país, por ejemplo, a los abortos espontáneos se les llamaba: "novedades". Y es que referirse a ciertos temas en nuestra sociedad latina simplemente no está permitido, es vergonzoso. Es preferible mantener las apariencias y guardar "la basura" debajo de la alfombra, fingiendo que no existe.

Con todas estas estructuras mentales y sociales se criaron nuestros padres, abuelos, bisabuelos y más allá, repitiendo las conductas que conocían. ¿Qué más podían hacer?

Así nací, en esa familia, con esos dos personajes que venían repitiendo los patrones de la violencia y la falta de conocimiento de cómo desarrollar la vida en pareja y una familia. Mi padre solía estar más pendiente de sus amantes que de nosotras. Y mi madre, a sabiendas de todo, lejos de enfrentar la situación, su manera de sobrevivir era evadiendo las infidelidades, la falta de respeto y el maltrato, creando un mundo paralelo, entre las labores de la casa y las responsabilidades. Siempre tenía algo de qué preocuparse o bien, lo inventaba. De esa forma, su mente se escabullía, ignorando los problemas. Ése era mi modelo femenino... Un referente marcado por sus propias heridas y carencias, con un historial de limitaciones, carente de autoestima, condicionada a vivir según la voluntad de otros.

AQUÍ SE ROMPE EL MOLDE

Durante los primeros diez años de mi vida, mi madre trabajó exclusivamente en casa, y para lograr tener algo de dinero debía ingeniárselas, mintiéndole de vez en cuando sobre los gastos a mi padre. ¡Todo era un ardid de supervivencia!

Con el paso de los años, ella tomó valor y decidió ir a trabajar en una compañía de cosméticos. Aquel cambio drástico en su vida la hizo percatarse de que todavía era joven, atractiva y tenía miles de oportunidades por delante. Pero esa apertura al mundo generó también que se incrementaran los problemas entre ambos, pues comenzó a darse cuenta que ahí afuera había más para conocer, para explorar y que definitivamente no todas las parejas vivían en este "estado de guerra" permanente. Y entre mis padres comenzaron las separaciones y reconciliaciones constantes... Una y otra vez. Un estilo de vida que me parecía tan triste, tan patético. Y que, sin embargo, más tarde también repetí como patrón.

A mis 15 años mis papás se habían separado y regresado en innumerables ocasiones e incluso, habían firmado legalmente el divorcio, pero siempre seguían pensando en volver.

—Si mi papá vuelve, me voy de la casa— le dije a mi mamá, firme y decidida a concretarlo, pues estaba cansada de esa vida miserable que teníamos, producto de esa relación viciada entre ellos. Me tocó enfrentarla de esa manera para que al fin pudiera cortar ese lazo enfermizo.

Por aquella época tuve mi primer encuentro con la metafísica, iniciando mi largo camino de crecimiento. Mi madre, como ya manejaba su propio dinero, era una compradora bastante compulsiva. Pero entre todo lo que adquiría, al menos había muchos libros... todos los que le ponían por delante. Y entre aquellas joyas literarias apareció Metafísica 4 en 1, de la escritora venezolana Conny Méndez. A través de sus páginas y de sus lecciones, comencé a descubrir que nada ocurre al azar y cada pasaje de nuestra historia, cada circunstancia tiene un propósito. Aprendí que todo funciona bajo la ley de "causa y efecto", entendiendo que cada acción nuestra tiene un efecto multiplicador en nuestra vida, en las de otros e incluso, en nuestro ambiente. Todo lo cual me animó a empezar a actuar con consciencia.

Esos fueron también los primeros pasos para descubrir el poder curativo del perdón, del entendimiento de las circunstancias y de la historia detrás de quienes nos rodean, de la reciprocidad de nuestros actos y de nuestros pensamientos. Y fue además mi inicio en el proceso de ver cómo el uso diario de las afirmaciones y decretos como un ritual sagrado, iban cambiándome y mejorándome. Fue como quitarme un velo que me cubría los ojos y sorprenderme con la verdadera intensidad de los colores. ¡Simplemente maravilloso!

De la misma manera, tuve la oportunidad de percatarme de que la misma información a cada uno le llega y le toca de manera distinta, aun cuando la recibamos simultáneamente. La procesamos de acuerdo a nuestro libre albedrío, cuando queremos y de la forma en que estamos preparados para hacerlo. Y frente a eso, nos guste o no, cada quien tiene su propio ritmo y su momento. Así, aunque mi madre y yo leíamos los libros casi al tiempo, no los asimilábamos igual.

Tras la separación de mis padres, opté por quedarme a vivir con mi mamá. Y comenzamos a disfrutar de una etapa en que nos convertimos en las mejores e inseparables amigas, compartiendo nuestras aventuras "adolescentes". Se había casado tan joven, que había muchas experiencias propias de la niñez y de la juventud que no tuvo. Cosas sencillas como visitar una heladería, el cine o bailar en un club. Todo eso y un sinfín de momentos especiales pudo realizarlos conmigo y nos hizo inmensamente felices a ambas. Sin embargo, nunca logró captar el mensaje real de lo que leía en los libros de metafísica o en otros de superación personal y aplicar esos inmensurables conocimientos a su vida diaria. Su parte financiera, por ejemplo, era un completo caos y hasta la actualidad nunca ha habido manera de organizarla. El dinero le llegaba a raudales, pero así mismo se escabullía entre sus dedos. Y esa indisciplina la tenía también en su vida emocional, que igualmente era un torbellino.

Todo ese desajuste me llevó a tomar la decisión de darle una oportunidad a mi papá e intentar vivir con él. Hasta ese momento nunca nos habíamos acercado. Para mí seguía siendo el hombre abusivo y distante. Eso, hasta el día en que decidí poner a prueba todas esas lecciones que estaba recibiendo a través de los libros y me senté por primera vez frente a él para hablar de corazón a corazón.

27

—Aquí tienes a un amigo— me dijo, para mi sorpresa, tomando mis manos, como jamás lo había hecho. En ese instante confirmé que todo lo que decía Conny Méndez en su libro era verídico. Nuestra mente es quien crea las situaciones que vivimos y las relaciones con los demás. Ese hombre que me parecía hostil, indiferente y violento, ahora estaba frente a mí, dispuesto a comenzar de cero, como mi amigo. ¡Era el padre que tanto había anhelado! Bastaba con que "yo" bajara la guardia, comprendiera que su comportamiento tenía una raíz, un principio, lo aceptara y estuviera dispuesta a perdonarlo, a conocerlo y a amarlo incondicionalmente.

Desde entonces, buscar más información que me permitiera seguir avanzando en mi conocimiento, empoderarme, mejorar mi relación con el mundo y mi aceptación conmigo misma se convirtió en un deseo permanente. Sentía un ansia voraz de conocimiento, de saber, de aprender, de mejorar, de curar heridas y de crear una vida más hermosa. Y lo hice. Así fueron apareciendo Louise Hay, sus meditaciones y afirmaciones, Ellen Bass y Laura Davis, entre muchas y muchos otros que fueron ayudando a sanar aquellas heridas de mi infancia y a abrirme para entender los procesos que ocurrían en mi hogar.

Empecé a tomar consciencia de que vivimos por un propósito y para cumplirlo escogemos a nuestros padres. No es cuestión de azar. Todas esas experiencias con ellos tienen un objetivo diseñado desde mucho antes, por esa Mente Magna, que ha gestado todo milimétricamente.

Podemos ponernos en el papel de víctima: "pobrecita, cuanto sufrí", el cual solemos usar, porque es lo que vemos con más frecuencia a nuestro alrededor. Y aunque ese camino luce más sencillo, realmente no lo es, porque nos mantiene siempre en ese círculo vicioso de dolor, de resentimiento que nos estanca, que no nos deja avanzar, superarnos y vivir plenamente como estamos destinadas a hacerlo. O bien, usamos todas esas experiencias dolorosas, tristes y a veces, extremadamente crueles, como vías para crecer y convertirnos en el último eslabón de esa cadena de drama. Rompemos con esos patrones que traemos generación tras generación, para empezar a vivir de verdad, según la Gracia Divina.

Si has pasado muchos momentos difíciles en tu niñez seguramente estás pensando: "qué fácil es decirlo". Por supuesto que no lo es, así como no es un proceso que ocurre de la noche a la mañana. Lo sé. Tampoco la comprensión, la empatía y el perdón me llegaron como por arte de magia. Es un trabajo constante, permanente y que nunca se deja de realizar. Créeme que lo conozco muy bien. Imagina cuánto dolor se nos traspasa a través de nuestras madres cuando son maltratadas durante el embarazo o cuando nos lactan. Todo ese sufrimiento y estrés repercute en nosotras y por eso, a medida que crecemos, desarrollamos problemas de conducta, de relaciones y físicos, que muchas veces sintomatizamos como enfermedades.

Pero cuando somos capaces de entender que no existe la "culpa" en todo esto, que todos y cada uno somos la reacción de una acción previa, de una historia, entonces comienza el proceso de sanación. Nuestros padres, nuestros abuelos, nuestros tíos, primos, maestros, sacerdotes... quien sea que haya marcado nuestra infancia no es "culpable" como tampoco lo somos nosotros. Son y somos "responsables", consciente o inconscientemente. Cada uno hace lo que puede con las herramientas y la información que tiene a disposición. Pero tenemos la inmensa oportunidad y responsabilidad de escoger si queremos seguir hundidos en el fango del dolor o limpiarlo de nuestra alma. No importa el tiempo que esto lleve. Debes saber que basta con decidirse a salir de la "zona de victimización" para empezar a sentir el aire fresco de un nuevo comienzo.

A veces, sólo necesitamos imaginar a nuestros padres cuando eran pequeños e intentar ponernos en su lugar. ¿Cuánto miedo pueden haber experimentado? ¿Cuántas situaciones de dolor ante el castigo? ¿De qué habrán sido testigos? ¿Habrán sentido hambre o frío? ¡Es imposible que el corazón no se nos encoja! Si fueran unos niños que ves hoy frente a ti, en esas condiciones de tanta vulnerabilidad, ¿no te provocaría abrazarlos? ¿Ayudarlos a que se sintieran seguros y a salvo? Y es que ponernos en el lugar del otro nunca nos deja indiferentes. De hecho, varias de las meditaciones curativas de Louise Hay realizan ejercicios similares y te puedo garantizar que el poder de empatía que logran es impresionante.

A partir del momento en que escogí hacerlo, mi padre y yo comenzamos a ser muy buenos amigos. Me mudé a vivir con él, su nueva pareja y mi hermano, con quienes tuve nuevas experiencias y comencé a tener los primeros esbozos del concepto de familia.

Tuve el privilegio de conocer, amar y ser adorada por ese hombre, que aun con su historia y situaciones adversas, tenía mucho para dar. Si me hubiese quedado estancada en el resentimiento, en los fatídicos recuerdos y en lo que "no me dio" siendo niña, jamás habría podido disfrutar de lo mucho que tenía para darme en las tres décadas siguientes, hasta su partida.

Y es que acabar con los viejos patrones siempre será una puerta abierta para dejarnos sorprender por el lado más hermoso de quienes han mostrado su peor rostro. A fin de cuentas la divinidad también habita en el otro, especialmente en nuestros padres.

EJERCICIOS, RITUALES Y LECTURAS SUGERIDAS PARA ROMPER CON LOS VIEJOS PATRONES

Lecturas y videos

★ *Metafísica 4 en 1, de Conny Méndez.* Te puedo asegurar, que aunque hay muchísimos escritores que hoy en día tratan las maravillas del poder de nuestro pensamiento, ninguno es un compendio tan poderoso y útil como ella. Esta multifacética mujer, fue sin duda una adelantada a su época y nos dejó un legado espiritual invaluable. En este libro que también está disponible como audiolibro y en videos, se reúnen cuatro de sus obras más importantes (*Metafísica al alcance de todos, Te regalo lo que se te antoje, El maravilloso número 7 & Quién es y quién fue el conde de Saint Germain).* Tan ameno y sencillo, que facilita el proceso de acabar con los viejos paradigmas y empezar a hacer uso de nuestro poder divino para mejorar nuestra vida.

★ *Reconocer lo que es, de Bert Hellinger.* Las constelaciones familiares se han puesto de moda y no es casualidad, ya que son una excelente herramienta, muy sencilla y eficaz para sanar las relaciones de nuestro núcleo más cercano, que finalmente es donde comienza todo. A través de sus técnicas podemos detectar de manera directa cómo la mayoría de nuestros bloqueos, enfermedades, relaciones y situaciones que complican nuestro diario vivir provienen de nuestro entorno a través de la repetición de patrones, acuerdos sin resolver, sueños sin realizar y problemas, entre otros, que impiden que estemos en paz. Este autor y todos aquellos que se dedican a las constelaciones nos recuerdan que no podemos sanar nuestra vida si no reparamos primero la relación con nuestros padres, honrando su existencia, agradeciéndoles y amándoles.

★ *La mujer herida: sanar la relación padre-hija (The Wounded Woman), de Linda Schierse Leonard.* Esta valiente mujer utilizó su propia historia, así como entretenidos cuentos y otros recursos para mostrar que aunque un padre herido repita el modelo con su hija, siempre existe la posibilidad de transformar esa relación.

★ *Madres que no saben amar, de la Dra. Karyl McBride.* Escrito por una psicoterapeuta con más de veinte años tratando específicamente con mujeres, describe todos aquellos vacíos emocionales que se generan en nosotros a partir de la falta de esa presencia materna fuerte en los primeros años de nuestra vida y cómo afecta en nuestro desarrollo de la femineidad. Lo más importante es que proporciona una pauta para ayudar a reconocer los aspectos que todavía interfieren en nosotras y que es necesario tratar para recuperarnos.

Ejercicios y rituales para romper con los viejos patrones

⋙ Busca una meditación de las mencionadas, de Louise Hay o cualquiera que te ayude a sanar la relación con tus padres. Practícala diariamente por la mañana o antes de ir a dormir. Hazlo por al menos seis meses seguidos.

⋙ Escribe en un papel todos aquellos aspectos o momentos tristes vinculados a tus padres y quémalos. Hazlo solemnemente como un ritual, de manera que todos esos sentimientos negativos que te genera recordarlos, se transmuten con el fuego.

⋙ Haz una lista con aquellos aspectos que admiras o que te gusta de tus padres. Si no les encuentres algún detalle positivo, escribe aquellos que te gustaría encontrar en ellos, pero hazlo en tiempo presente, como si fueran cualidades reales actuales. Agradece esas características.

⋙ Siéntate en un lugar tranquilo. Si quieres pon música suave, velas o incienso. O simplemente relájate a solas, respirando y botando el aire lentamente. Medita sobre estos aspectos:
—Sin importar si tus padres viven o están alejados de ti, física o emocionalmente, siempre puedes reparar tu relación con ellos.
—Independientemente de tu historia, agradece al universo y a la divinidad por haberte permitido "escoger" a esos padres. Valora que a través de ellos llegaste a este mundo y que las experiencias que tuviste han sido la preparación para llegar a este momento.
—Acepta tu historia con tus padres tal cual fue.
—Dales las gracias por esto.
—Deja de juzgarlos.
—Elimina las expectativas y modelos "ideales" que has visto en otras personas. No compares.

—Reconoce tu rol protagónico en la maravillosa posibilidad que tienes de aquí en adelante de transformar tu relación con tus padres en una saludable y feliz.

—Si tus padres no están en este plano terrenal o simplemente es imposible comunicarte con ellos, envíales tu amor, tu agradecimiento y reconoce en ellos la presencia de Dios. Aquellas actitudes y características que no te sirven o reconoces como tóxicas, tómalas como parte de la experiencia de ellos en la tierra, entendiendo que es algo ajeno a ti, con lo cual no tienes conexión.

⋙ Intenta imaginar a tu madre frente a ti. No traigas a la mente ningún momento triste o doloroso. Sólo pon su imagen frente a ti. Imagínala siendo muy pequeña, de tres o cuatro años. Llena tu corazón de amor por esa niñita que está asustada y no es responsable de nada. Acércate a ella y abrázala tiernamente. Dile cuánto la amas y lo importante que es para ti. Imagina que se hace más y más pequeñita hasta desaparecer. Repite el mismo ejercicio con tu padre, dándole todo el amor que eres capaz de generar.

33

⋙ Deja fluir a esa niña reprimida y escríbeles una carta. No necesariamente necesitas entregárselas. Lo importante es dejar que afloren todas esas emociones aglutinadas en algún lugar de tu alma, reconocerlas, aceptarlas, soltarlas y dejarlas ir.

⋙ Medita usando la figura de un globo. Ocupa esta imagen para poner dentro cada emoción tóxica y dejarla partir. Piensa en una emoción o sentimiento como el abandono, miedo, rechazo, abuso o dolor. Obsérvalos uno a uno. Visualiza que cada vez que exhalas tu aire, soplas dentro de ese globo para ponerlo en su interior. Cuando sientas que sacaste todo el sentimiento, átalo y suéltalo, para que el viento se encargue de llevarlo lejos.

No importa cómo haya sido nuestra relación parental. Siempre tenemos la oportunidad de empezar a manifestarnos como creadores, de tener nuevas experiencias y la totalidad de nuestra vida. Desde hoy y hasta nuestra última exhalación en este plano terrenal.

Así Es, Así Es y Así Será.

III. RESCATANDO A MI AFRODITA INTERIOR

**ENFRENTANDO AL "MONSTRUO"
DE LA SEXUALIDAD Y SUS HERIDAS**

Puede ser que tu primer impulso al ver la palabra "sexualidad" sea pasar este capítulo y seguir hacia adelante. Si lo tienes, te animo a que, con mayor razón lo leas.

Las mujeres criadas en culturas tan patriarcales y conservadoras como las de países de Latinoamérica, solemos tener una fortísima dicotomía. Por un lado, es un tema tabú, que nos ha tocado descubrir a hurtadillas, como viles ladronas de información o bien, a la fuerza, regidas por esta especie de "ley de la selva", donde alguna fiera salvaje busca la criatura más débil y desprotegida para devorarla. Y por otro, crecemos rodeadas de esa visión pervertida, morbosa y ultra explotada del acto sexual como sinónimo y fin absoluto de la sexualidad. De una u otra forma, quedamos marginadas de su verdadero significado y propósito, generando en nosotras cierta aversión al tema.

Ahora, si tu historia personal contempla el abuso, como lo es en mi caso, esa relación con la sexualidad será todavía más compleja, en una mezcla confusa de poder, culpa, miedo, vergüenza y silencio.

Tenía alrededor de unos siete años y vivíamos en un sector de clase media de Medellín, bastante heterogéneo. Contábamos con vecinos de otros departamentos o regiones del país, con costumbres y características completamente distintas, que lo convertían en un barrio colorido y peculiar. Entre estos, estaban los integrantes de una familia que se había instalado con un pequeño negocio de fotografía, en la misma cuadra de mi casa. Aunque sus hijos adolescentes, un hombre y una jovencita, eran bastante mayores que yo, solíamos compartir juegos o ver películas juntos.

Gran parte de las imágenes de aquella época son nebulosas en mi mente. Sin embargo, recuerdo con total claridad el cuarto oscuro que tenía aquella casa, donde revelaban las fotografías y cómo, cada vez que me dejaban entrar allí, el padre de mis amigos se encerraba conmigo.

La oscuridad era absoluta. No podía ver ni mis manos, pero de inmediato sentía las suyas que me tomaban con fuerza de la cintura para montarme en su mesa de trabajo. Mi corazón comenzaba a latir tan rápido que sentía que estaba a punto de escaparse por mi boca... Al principio, porque no sabía qué estaba pasando y qué me haría en ese lugar tan tenebroso, con ese olor extraño a químicos, a sudor y vaya a saber qué más... Un rincón donde lo único que escuchaba de fondo era la respiración agitada de aquel hombre. Más tarde, mi aceleración era una mezcla de vergüenza y miedo de saber lo que venía.

En cuestión de segundos, aquel vecino me subía el vestido, me bajaba la ropa interior y comenzaba a abusarme. No de manera violenta, pero sin ninguna consideración a mi edad.

Nunca nadie vio nada o no quisieron hacerlo. Aunque con el tiempo y a medida que comencé a estudiar sobre el tema para superarlo, comprendí que probablemente todos los integrantes de la familia sabían lo que ocurría. Su hijo mayor, por ejemplo, que en ese momento tenía unos 18 años, también me abusaba cuando "jugábamos" en su habitación. Eso me ha hecho suponer que aquellos muchachos habían sido también víctimas de esos padres, quienes seguramente lo fueron de igual forma de los suyos en su infancia.

Muchos expertos aseguran que el hermetismo y voto de silencio al interior de las familias donde ocurre el incesto y abuso a otros, fuera de su núcleo, es tan férreo, que actúan como una verdadera mafia. También se da un fenómeno interno de negación, de hacer "de la vista gorda" ante las aberraciones que suceden prácticamente frente a sus narices porque, al fin y al cabo, todos son parte de ese comportamiento disfuncional.

37
⌄

No tengo más recuerdos de aquellos encuentros, salvo aquel olor que nunca se me ha olvidado... Difícil de definirlo, pero que aún hoy me causa repulsión. Y es que suele pasar que muchos detalles del abuso sexual se borran por completo de nuestra mente o se "seleccionan", en un acto natural de negación, de "autocuración" o defensa que hacemos para ayudarnos a superar el dolor y todo lo desagradable que nos provoca. Pero permanecen ciertos instantes, una imagen o un olor que predominaba en el momento y que son los detonantes de las crisis, depresiones, enfermedades, problemas sexuales, entre tantos otros, que vamos manifestando luego, a lo largo de nuestra vida, cuando no hemos sanado por miedo a enfrentarlos.

Dicen algunos terapeutas que tratan con personas que han experimentado estas situaciones, que existe cierta intuición o una conexión no verbal que produce que aquellos abusadores que provienen de familias incestuosas, detecten a otros con historias similares. Es como si tuvieran un radar especial para atraerlos y vincularse. Cuando lo leí me impactó muchísimo, puesto que en mi caso, el abuso sexual no sólo lo viví fuera de mi núcleo, pues también hubo familiares que lo cometieron.

Hubo uno en especial: un tío, quien, cada vez que nos visitaba, aprovechaba el momento en que mis papás se iban a dormir y yo me quedaba viendo televisión para practicar cualquier tipo de conducta sexual conmigo. Todas, normales para una pareja de adultos, pero no para una niña. Sin embargo, tampoco fueron lo que se considera "violaciones", pues no hacía uso de la "agresión", sino de la "persuasión" para usurpar mi inocencia, haciendo, de igual manera, pedazos mi infancia.

Siempre ocurría como un juego, el cual había que mantener en secreto. Cada vez que esto sucede nos da a entender, cuando somos pequeños, que se trata de "algo malo", de lo cual somos partícipes, pues accedemos... A fin de cuentas, es nuestro tío, nuestro abuelo, nuestro primo... nuestra familia. Y nos convertimos en cómplices de aquello "prohibido", que nos asusta, pero al no ser violento, también nos gusta. Así suele ocurrir en la mayoría de los casos, que alguien cercano o parte del mismo círculo familiar directo es el abusador.

Cuando es violación, generalmente las mujeres manifiestan aversión al sexo y a todo tipo de contacto con los hombres. Incluso, si logran superarlo, pueden desarrollar problemas como frigidez, falta de libido y otros más complejos, con enfermedades como cáncer, por el daño físico y todo ese caudal de emociones revueltas y enquistadas en el subconsciente.

En mi caso, esa conducta sexual adelantada y constante durante mi niñez, más el aporte genético de mi padre, me convirtieron rápidamente en una mujercita bastante desarrollada. Siempre aparentaba ser mayor de la edad que tenía, lo cual me hacía destacar entre las niñas. Era un blanco fácil para todos aquellos adultos con mentes retorcidas. Esto generó que finalmente, cuando tenía 12 años el tío más avezado en la materia terminara su trabajo.

Durante un paseo familiar de vacaciones por varios pueblitos del interior de mi país, buscó la manera de que me tocara viajar con él en su automóvil. Durante la noche nos quedamos en un hotel y tuve mi primera relación sexual como tal, sin saber precisamente de qué se trataba.

Es cierto que no había sido violenta, pero tampoco consensuada. Y la sensación que me provocaba era extraña. Quería contárselo a alguien, preguntar si estaba bien, qué tan malo era lo que había pasado y cómo podía asegurarme de que no volviera a suceder. Pero, ¿a quién? ¿Me creerían? ¿Y si me culpaban a mí? ¿Si yo resultaba tan responsable como él?

Estaba sola frente al tema, pues mis padres en ese momento estaban completamente perdidos respecto a la vida que tenían... Mi padre, con un ego que le impedía mirar algo que no fuera a sí mismo y mi madre, en un mundo paralelo, esquivando la realidad. Nunca sentí la confianza para hablarlo con ellos. Tampoco el resto de mi círculo familiar notó algo, como mis abuelos, y si lo hicieron, nadie tuvo el valor de enfrentarlo.

Me sentía totalmente desprotegida. A pesar de esto, nunca fui una niña triste y maduré muy rápido. El descontrol y descuido en el que crecía me ofreció mucha libertad... Más de la necesaria. No tenía horario, salía y entraba a mis anchas.

NI MUÑECAS NI PRINCESAS

A medida que vamos creciendo, las experiencias que vivimos en torno a la sexualidad van moldeando nuestra manera de ser, nuestros gustos y elecciones.

En una época vivíamos en un barrio que recién empezaba a construirse. Por lo tanto, estaba rodeado de grandes extensiones de terreno vacías, donde correr y jugar como cabras de monte. Sólo tenía una amiga y el resto eran amigos. Al criarme sola, me había vuelto muy competitiva en un intento permanente de ponerme a la altura de los niños y ser aceptada por ellos, por lo tanto, sentía que debía superarlos.

Nunca me gustó jugar con muñecas, por ejemplo. Me aterrorizaban. Y esa reacción se debe a una lucha constante con mi parte femenina, pues de alguna manera, sentía que era la que me ponía como carne de cañón con hombres abusivos a mi alrededor, haciéndome protagonista de esas situaciones sexuales que no sabía cómo procesar.

Jugar entre hombres era más sencillo. Sin embargo, mi manera de ser, sumada a esa mezcla de masculinidad y un excesivo desarrollo prepubertad contrastaba con la realidad y tamaño de mis amigos, que a los nueve años parecían niñitos frente a mí. Muchas mamás les prohibían juntarse conmigo. Les parecía un personaje demasiado "marimacho" y una pésima influencia para sus hijos. Y es que si has vivido alguna vez en un pueblo o ciudad pequeña sabrás que aquel refrán "pueblo chico, infierno grande" es absolutamente veraz.

A todas mis características se sumaba el hecho de que estaba permanentemente sola, a cargo de mi hermanito menor, mientras mis padres estaban trabajando fuera de casa el día entero. Los rumores del barrio decían que en casa sucedían mil cosas, pasando por el uso de drogas y quién sabe cuántos otros excesos. Pero no eran tal. Jamás lo fueron. Durante mi niñez, pese a toda la libertad de la que disponía no hubo ningún vicio a mi alrededor. Sin embargo, solía ser objeto de reprobación.

REBELDE CON CAUSA

Los efectos de todo este vendaval los manifesté realmente durante mi adolescencia, en mi faceta de estudiante, donde me volví tan rebelde como pude. Hasta los 15 años siempre había estado en un colegio religioso, exclusivo para "señoritas" y de pronto, decidí cambiarme a uno mixto. Al poco tiempo, tras mudarme con mi papá opté por otro similar, uno de los mejores de Medellín, en el cual era una de las 300 mujeres que había entre unos 2.300 hombres.

41

De haber sido una alumna académicamente ejemplar, empecé a perder materia tras materia como si fuera un desafío y no hubo manera de recuperarme. Me volví además una provocadora, que insultaba a los chicos para ver cómo respondían. Comencé también a fumar y a beber cerveza... Y tenía el descaro de hacerlo frente a los religiosos de la congregación que dirigía el colegio. No cabía dudas de que estaba en el lugar equivocado, con la gente equivocada para mí. Era como la mosca en la sopa y simplemente no encajaba en aquel lugar. El resultado, por supuesto, fue la expulsión sin derecho a réplica. Ni los curas, ni las maestras, ni muchos de los mismos estudiantes querían seguir contando con la presencia de este verdadero demonio entre los pasillos de la escuela.

No tenía dónde estudiar... Mi única salida fue inscribirme para acabar mi bachillerato en el que era considerado el peor colegio de la ciudad, uno donde llegábamos los expulsados, los vagos, los desadaptados y viciosos que nadie aguantaba. Algo así como el último recurso de las "manzanas podridas" de Medellín. La mayoría de ellos, bastante mayores que yo, pues ya habían hecho el "tour" durante años por el sistema escolar local.

Quien me acompañaba en esas vueltas, tratando de arreglar el resultado de mis locuras era mi madre. Mi papá estaba furioso con mi rebeldía que me había dejado sin una escuela apropiada. Y cuando supo que había terminado en aquel colegio, de tan mala fama, simplemente quería morir de la vergüenza. Debo reconocer que por entonces era considerada prácticamente una lacra en la familia.

Podría tener la peor reputación de la ciudad, pero en esa escuela conocí personas sumamente interesantes: pintores, escritores, caricaturistas... Gente brillante, que simplemente no encajaba con el común de la "sociedad paisa". En ese colegio cumplí mis muy esperados 17 años y con esos compañeros tan extravagantes los celebré.

Con todos esos amigos rebeldes parrandeaba jueves, viernes y sábado. Los domingos nos íbamos a un paseo a superar juntos la resaca. Y si no completaba ese ciclo semanal, según mi apreciación de la vida en esa época, simplemente no había sido un buen fin de semana.

Por entonces ya me había mudado con mi papá y a pesar de la rabia que sentía por mi comportamiento, terminó aceptando mis parrandas con una única advertencia: podía salir y hacer lo que quisiera, pero cada día debía cumplir con la escuela. Daba igual la hora que hubiese llegado la noche anterior, con o sin resaca. No había excusas y él mismo se encargaba de llevarme hasta la puerta del colegio. Sin darnos cuenta, esa rebeldía fue el camino para acercarnos, conocernos y levantar los cimientos de la relación tan cercana y especial que llegamos a tener.

UNA MADRE SIEMPRE ES UNA MADRE

Aunque mis padres no fueron cercanos durante gran parte de mi infancia y adolescencia, mi relación con cada uno fue pasando una serie de transformaciones. Ellos también necesitaban madurar, terminar de crecer emocionalmente, antes de enfrentarse a la realidad de que tenían a cargo no sólo una hija, sino además, otro hijo que tuvieron tres años después. ¡Es tan fácil juzgar a nuestros papás! Sólo a medida que comenzamos a tomar responsabilidad de nuestras vidas podemos percatarnos de cuáles han sido sus historias, sus cicatrices, sus dolores y todo aquello que les marcó. Y es entonces cuando nos toca poner en práctica todo el amor que nos cabe en el pecho y más, para sanar.

43

Recuerdo que, casi al cumplir los 15 años, mi madre y yo estábamos en su habitación, tejiendo. Ella, en su cama y yo, en un sofá. De pronto, como si hubiese recibido un mensaje del más allá o se hubiese acordado repentinamente de la edad que tenía su hija, se volteó hacia mí para preguntarme, con cierto tono de preocupación: —¿has tenido relaciones sexuales?—.

Pudo ser la oportunidad que había esperado durante años... La instancia precisa para iniciar el tema de la sexualidad y contarle lo que había pasado conmigo, con aquel vecino, con los tíos... El momento para desahogarme y sacar todo lo que tenía... pero no pude. Ni siquiera sabía si contarle que acababa de comenzar a tener intimidad con mi primer novio. Fue uno de esos momentos en que nos cuestionamos si romper esa ilusión que tiene toda madre de que su hija siga virgen, inmaculada o contarle lo que es nuestra realidad, con sus luces y sus sombras.

En aquellos segundos mi cabeza daba mil vueltas pensando en que seguramente le había surgido la curiosidad porque alguien sabía algo y le había comentado... O bien, lo presintió. Lo cierto es que finalmente me animé y le respondí con la verdad a medias. —Sí, ya lo he hecho— le dije.

Su reacción fue todavía más desconcertante pues, como una niña chiquita que quiere esconderse del mundo, apenas me escuchó, tomó las cobijas, se cubrió con éstas y empezó a llorar. Durante varios minutos lo único que se oía en aquella habitación eran sus sollozos, con una tristeza similar a la que causa la muerte de un ser querido. Fue uno de esos instantes que parecen eternos y en los que una no sabe si pararse y correr para abrazarla, quedarse inmóvil sin respirar siquiera o llorar también para acompañarla. Pero ahí estaba yo, esperando qué iba a suceder.

De pronto, como si ya hubiese digerido la parte melancólica de la noticia y su lado práctico le hubiese halado las orejas para llamarle la atención por tanto drama, sacó la cabeza abruptamente de entre las sábanas y me preguntó: —Y tú, ¿planificas con algo? ¿Has ido con un ginecólogo?— con un tono completamente distinto al anterior. —No— respondí. La verdad, es que hasta ese minuto ni siquiera lo había pensado.

—Vamos a ir con uno— me dijo.

La instancia quizás no había sido la esperada. Puede que tampoco haya sido la mejor manera de reaccionar de ambas, pero después de tantos años anhelando alguna manifestación que me permitiera tener un poco de complicidad con mi mamá, un nivel de conexión que nos acercara, por fin, allí estábamos, llegando al punto de inicio de una nueva manera de relacionarnos.

Fue la primera en saber de mi vida íntima, quien me llevó a un doctor para aprender a planificar y se lo agradeceré eternamente. Estoy segura de que no quería que repitiera su historia y me tocara hacerme cargo de un hijo sin siquiera haber terminado de crecer y sin tener la preparación necesaria.

Sé que para ella, enfrentar el tema de esa forma tan práctica no era un proceso sencillo. No tenía la información suficiente para manejarlo ni las palabras adecuadas a usar, además de cargar con todo el peso religioso y moral que era parte de su crianza. Sin embargo, hizo ese gran esfuerzo para no dejarse aniquilar por la emoción y enfrentar la realidad de que su hija ya estaba en otra etapa y había que ser realista, había que protegerla. Si durante mi infancia no lo hizo, no fue por desinterés o negligencia, sino simplemente porque no sabía cómo llevarlo a cabo. No tuvo la educación, ni el apoyo de alguien más, ni siquiera de mi padre. No hay clases para educar y formar a los hijos, especialmente cuando no te has terminado de preparar tú y cuando lo único que has vivido en tu hogar, que es el lugar donde te formas, es violencia. Lo único que se busca tras un historial así es tener menos responsabilidades y más momentos felices.

Desde aquel instante la relación con mi madre cambió y comenzamos a ser amigas... las mejores del mundo. Sin embargo, nunca me atreví a confesarle los abusos. Recién logré enfrentar el tema a mis 34 años, como parte de mi proceso de sanación y cuando ya habíamos pasado por un sinnúmero de etapas.

SANAR, SANAR Y SANAR PARA AVANZAR

Cuando comencé a mirar mi pasado, a enfrentar a "mis monstruos", a entenderlos y a aceptarlos para sanar, me di cuenta de que quizás gran parte de mi silencio se debía a que en las distintas ocasiones en que experimenté abuso sexual también sentía placer. Crecemos escuchando que sentirlo "es malo", por lo tanto, ¿cómo podemos contarlo? Y se convierte en nuestro gran secreto.

Durante mi búsqueda por curar mis heridas y crecer espiritual-mente, en 1999 descubrí el libro El coraje de sanar. *Guía para las mujeres supervivientes de abusos sexuales en la infancia,* de Ellen Bass y Laura Davis. Entrar en sus páginas fue un tortuoso pero primordial paso.

Organismos como la UNICEF muestran cifras que producen escalofríos, ya que, para fines del 2017, se registraba que aproxi-madamente 15 millones de mujeres entre 15 y 19 años en el mundo han sido violadas sexualmente. De ellas, un millón de niñas y ado-lescentes de América Latina y el Caribe son abusadas sexualmente cada año. Muchas viven bajo el mismo techo con sus agresores y las restantes, generalmente son atacadas por familiares directos. Luego, cuatro de cada 10 adolescentes experimenta violencia de pareja. Y el círculo vicioso continúa, ya que una de cada 10 muje-res entre 15 y 19 años justifica el uso de la violencia en la relación, repitiendo los patrones que conoce. Debemos tener claro, además, que todos estos números reflejan sólo aquellos casos reportados, pero existe un gran porcentaje (quizá el mayor) de niñas y jóvenes que no se atreve a confesar su historia de abuso. Y debí aceptar que yo era parte de esas estadísticas.

La aceptación de los sucesos es el primer gran paso para comenzar a sanar. Pero no desde el punto de vista de "víctima", sino uno más bien neutral, que nos permita mirar la situación sin que siga generándonos miedo, dolor, remordimiento o culpa. Pues estas emociones siempre están por ahí, a veces muy guardadas, pero presentes de alguna manera.

Suele ocurrir que cuando el abuso no ha sido violento o lo que se llama "violación" como tal, lleguemos a pensar que esos recuerdos no nos controlan y los hemos superado. Sin embargo, a través del libro El coraje de sanar entendí que eso no es real, pues las molestias físicas, como dolores de cabeza, pesadillas o insomnio, entre otros, pueden ser manifestaciones de que todavía quedan recuerdos sin tratar. En un momento, cuando comencé a leer y a desempolvar imágenes, sonidos, olores y sensaciones que estaban escondidas en el laberinto de mi memoria, me despertaba a mitad de la noche sin poder respirar. Sentía que me ahogaba y mis pulmones estaban apretados, como cuando somos fumadores y nos aqueja una gripe fuerte que incrementa nuestra falta de aire. Al intentar respirar, sentía el pecho oprimido y el dolor era tal, que debía hacerlo lentamente.

El ausentarse mentalmente de la relación sexual, por ejemplo, es una forma de evadir no sólo el acto en sí, sino la relación que hacemos con aquel momento en que pasaron las cosas. Es lo que nos despierta el recuerdo. Por lo tanto, nuestra mente intenta protegernos de la incomodidad que nos genera, aislándonos.

Uno de los aspectos que más se vulnera con el abuso es nuestra capacidad para determinar cuáles son los límites, hasta dónde podemos y queremos llegar, así como cuándo decir "no". Se nos quebranta ese poder. Me di cuenta por ejemplo, que en mi caso, mi capacidad para negarme a distintas situaciones, de cualquier índole, era mínima. No sabía cómo ponerle freno a los demás, ni siquiera a mí misma. Cada vez que estaba en una relación amorosa me desbocaba por esa persona, así como lo hacía cuando salía de fiestas o cuando fumaba y en cualquier actividad trivial. Para mí todo estaba permitido y si me gustaba, lo hacía hasta aburrirme... Puesto que no tenía límites claros.

En otros casos ocurre que el abusador "juega" con el sentido de responsabilidad de la persona abusada haciéndole sentir cómplice a tal nivel, que la convence de que también ha puesto de su parte para que ocurra el abuso. Ése fue precisamente otro de los grandes aprendizajes que me dejó el libro: entender que no era "responsable" de lo que pasó, y menos "culpable", incluso cuando sentía placer. Sucede con mucha frecuencia que en casos en que una niña comienza a ser abusada por su padrastro o alguien muy cercano, puede llegar a ser una persona adulta y sigue permitiéndolo. Lo hace no porque quiera que suceda, sino porque su comportamiento sigue siendo el de una niña que no puede negarse ante la autoridad que ejerce el abusador sobre ella. Se siente impotente y vulnerada, no importa la edad que tenga, pues se ha generado una alteración y estancamiento de su voluntad. Por esto, si no se trabaja arduamente el aspecto emocional, ese lazo nunca se corta y sigue siendo manipulada, porque desde la perspectiva psicológica aunque haya crecido, continúa respondiendo como la niña que era cuando comenzó a ser abusada.

Te puedo escribir páginas y páginas de todo lo que implica el abuso. Pero realmente lo que busco es que si lo experimentaste y no lo has trabajado para sanar, lo hagas. No creas que se supera de la noche a la mañana. Es un proceso largo, con distintas etapas, que al despertar recuerdos va aflojando emociones contradictorias. Pasarás de la vergüenza a la tristeza, al enojo, a la ira, a la impotencia... Pero te aseguro que si te mantienes firme en tu propósito de sanar interiormente, sin desfallecer, poco a poco irás superando una a una cada etapa, aceptando, perdonando y comprendiendo que todo tiene una razón. A fin de cuentas las heroínas de la vida real tenemos cicatrices que no son sino un recordatorio de nuestras batallas ganadas.

TRANSFORMANDO EL SENTIDO DE LA SEXUALIDAD

Cada vez que he hablado del tema con amigas u otras mujeres que me ha tocado conocer a lo largo de mi vida, con historias similares, me dicen: —tú has manejado tan bien todo esto. Te ha sido más fácil superarlo—. Pero no es así. La única gran diferencia es que comencé hace mucho, muchísimo tiempo a trabajar conmigo misma y mi primer gran paso fue dejar de sentirme víctima de las circunstancias.

Ciertamente no todas las historias son iguales y la violencia marca una gran distancia con el resto, pues sus llagas emocionales son mucho más profundas. Sin embargo, aceptar que las situaciones que nos toca vivir son parte de nuestra historia particular, que nos hacen ser quienes somos, con nuestras luces y nuestras sombras, es imprescindible para dejar de sentir lástima por nosotras mismas.

En mi caso, de la noche a la mañana y siendo apenas una niña me convertí en una "mini mujer", que siempre estuvo sometida a experiencias sexuales con adultos. Y pasé del "abuso sexual" a ser "sexualmente activa". No tuve tiempo de desarrollarme paulatina y naturalmente, acorde a mi edad, a mi propia exploración y a mi madurez emocional, como corresponde.

No le temía al sexo ni lo rechazaba. Me causaba placer y lo disfrutaba. Antes de tiempo, pero sin duda que me gustaba. No era quien tomaba la decisión de ejercerlo porque era una menor de edad, inducida a la acción. Violaron mi derecho a mi inocencia. Quizás por mi desarrollo precoz y mi estatura, desde niña mi nivel hormonal era el de una jovencita mayor. Y los seres humanos somos en parte animales, por lo tanto, la energía, las hormonas, todo está en nuestra estructura humana y lo que emana uno, el otro lo huele, lo detecta.

Más adelante vinieron experiencias de todo tipo, casi siempre con hombres mayores. Y como en todo, hubo distintas vivencias, desde esa pasión arrebatadora y casi sórdida, que nos hace sentir que perdemos la cabeza, a otras en que no hubo manera de disfrutarlas. Pasé de verdaderos tornados en la cama a brisas que apenas movían las hojas, por explicarlo de alguna manera. De un amante perfecto, que podía ser candela pura a otro que no me generaba ni un mal pensamiento.

Hasta tropezar con aquellos malos amantes mi experiencia había sido de placer en la intimidad. Nunca había necesitado algo "extra", pues siempre contaba con alguien a mi lado que me lo proporcionaba. ¿Y entonces, qué hacía en esos momentos? Pues descubrí el poder de la sensualidad.

Crecemos con la creencia de que la sexualidad es sinónimo de pecado, de lo malo, lo prohibido. Y que la autosatisfacción es entre todos los males, el peor, generándole un tremendo daño a nuestra naturaleza que es más sensual que sexual. A gran parte de las mujeres se nos enseñó desde pequeñas que acariciarnos era algo diabólico. Cuando, contrariamente, la sensualidad y la sexualidad son parte de nuestra naturaleza. Algunas personas comienzan desde muy niñas como algo accidental, otras por supuesto que lo hacen inducidas por adultos, pero de una forma u otra puede ocurrir a cualquier edad.

El autoerotismo, como se le conoce, no es sólo el acariciarse para sentir placer, sino obtenerlo con el uso de los cinco sentidos: tacto, gusto, olfato, oído, visión e incluso, de la imaginación. ¿Por qué piensas que la novela Las 50 sombras de Grey tuvo tanto éxito, convirtiéndose en super ventas como libro antes de que se les pasara por la mente llevarlo al cine? Porque basta la elocuencia en las palabras y las historias para despertar al monstruo dormido de nuestra libido, sin necesidad siquiera de una imagen, especialmente en las mujeres. ¡Y nosotras estamos ávidas de obtenerlo, pues hemos permanecido amordazadas con el tema sexual por miles de años!

Aprendí a descubrir mi sensualidad, a potenciarla y a utilizarla como energía para fluir y crear. Pues, frente a la necesidad de sentirme viva, aprendí a hacerlo e incluso, a manejar aquellas situaciones en que mi pareja no daba la talla en la cama. Llegó un punto en que ni siquiera me importaba qué tan bien lo hiciera. Entendí que las mujeres podemos sentir más placer por un coito o un orgasmo por clítoris que por penetración, algo que además, podemos controlar. Y aprendí, sobre todo, a tomar la energía y fuerza de ese momento para canalizarlas y crear lo que quiero.

A través del tiempo, fui estudiando e informándome al respecto. Y no estaba equivocada, pues los expertos en sexualidad aseguran que no importa la edad que tengamos, a través de la autosatisfacción logramos conocer áreas muy sensibles de nuestro cuerpo, sus reacciones, la manera en que realmente nos satisfacemos, llegamos a sentir placer y nos elevamos. Nos descubrimos de tal forma, que luego nos ayuda también a funcionar mejor en pareja, pues sabemos qué es y cómo queremos vivir nuestra sexualidad.

ENCUBANDO NUESTROS DESEOS

A medida que descubría la autosatisfacción, más por una necesidad hormonal y por complementar la relación íntima con mi pareja, fui experimentando y sintiendo la energía en mi cuerpo. Comencé entonces a utilizar toda esa fuerza, a canalizar y potenciar ese poder que desarrollaba a medida que conectaba con mi intimidad, con mi sensualidad. Se trata de hacer uso de la energía que tenemos para procrear, pero no enfocada en hijos o descendencia, sino para "procrear" todo lo que vamos deseando. En mi caso, lo hacía pidiendo más clientes para mi negocio, un apartamento con vista al mar en un lugar seguro, conocer *Yosemite Park* en California, perder treinta libras, un automóvil convertible, una *Golden Retriever* como Betsy, terminar o comenzar una relación, empezar una nueva empresa o proyecto, en fin.

Empecé a descubrir que en el proceso de conectarme con mi sensualidad, sentirla y hundirme en el océano de su energía, me conectaba de igual manera con la armonía, la satisfacción, el placer, el disfrute y la fuerza. En ese momento, ponía todos mis proyectos y deseos como si fueran pequeños huevos a encubar. Cada uno lo decretaba a viva voz, lo repetía en mi mente, cada vez con más intensidad y todo eso que pedía se volvía una realidad.

Como soy muy curiosa y me encanta experimentar, un día, estando en la intimidad con mi pareja, decidí sumar a mi energía sensual y sexual, la suya. Y en el preciso instante en que estábamos juntos, me enfoqué en mi respiración, en sentir cómo subía esa energía conjunta desde mi órgano sexual a través de mi columna. La visualicé como una línea o cable de luz blanca que empezaba en mi vagina, subía por el coxis, luego la espalda, a través de la espina dorsal, llegaba a mi cabeza y salía por mi coronilla hacia el exterior, hacia la infinitud del universo. Y en el momento en que mi compañero y yo llegamos al orgasmo, en mi mente visualicé lo que deseaba, repitiéndolo y envolviéndolo con toda la energía de ese instante. En ocasiones en que volví a realizar aquel ejercicio, si no alcanzábamos el clímax al mismo tiempo, lo hacía igualmente, utilizando la energía y fuerza individual de mi compañero durante su coito. Posteriormente lo volvía a realizar cuando alcanzaba mi orgasmo.

53

Es increíblemente maravilloso ver cómo esto funciona y cada vez que deseo crear algo, le doy la fuerza en la "encubadora" de mi energía íntima, de mi esencia femenina. Tal como la *Pachamama* germina cada semilla, así también lo hace el universo en ese ritual de elevar nuestra sensualidad y hundirnos en la profundidad de nuestra fuerza femenina.

EJERCICIOS, RITUALES Y LECTURAS PARA SANAR TU SEXUALIDAD Y RESCATAR A TU DIOSA INTERIOR

Lecturas y videos

★ *El coraje de sanar. Guía para las mujeres supervivientes de abusos sexuales en la infancia, de Ellen Bass y Laura Davis.* A través de estas páginas y contando con testimonios reales, crudos y honestos, podemos ir entendiendo las etapas que implica lograr sanar nuestra niña interior, además de ayudar a superar todas aquellas emociones que se van guardando y que tanto daño nos provocan. Es una de las herramientas más completas que puedes conseguir para ayudarte a dejar de vivir desde la victimización, tomar el control de tu vida, lograr un autoestima saludable y la posibilidad de amarte, de ser feliz contigo y en pareja.

Ejercicios y rituales para potenciar la sexualidad saludable y rescatar a tu diosa interior

⋙ Lleva una agenda donde puedas ir escribiendo todo lo que te sucede, sientes y piensas durante tu proceso de sanación. En mi caso, fue de gran ayuda cuando comencé a leer *El coraje de sanar*, escribir todo lo que me pasaba en pequeños papelitos que insertaba en cada capítulo, con la fecha en que sucedían. Allí anotaba las sensaciones que experimentaba, los recuerdos que aparecían e incluso, los sueños y pesadillas que tenía al respecto. Es un recordatorio para ti. Una forma de desahogarte y de seguir tu proceso.

⋙ Conecta con tu niña interior. No te imaginas cuán necesario es rescatar a esa niña que llevamos dentro y que fue vulnerada en un momento a través del abuso. Tal como te explicaba en el capítulo, sucede que al experimentarlo, cuando somos pequeñas e inmaduras emocionalmente, es como si nos congeláramos mentalmente en el tiempo. A raíz de esto, enfrentamos las relaciones de pareja desde la perspectiva de esa niña, herida, asustada, que no logra procesar lo que sucede. Necesitamos volver a conectar con esa pequeñita para calmarla, consentirla y hacerle sentir que no es responsable de lo que pasó, que está protegida y que no importa lo que ocurrió en el pasado pues hoy tiene un nuevo comienzo.

≫ Un ejercicio muy sencillo y práctico es utilizar una fotografía tuya, de cuando eras pequeña. Ponla en un marco bonito y úsala para hablarle, como si estuvieras hablando con una niña. También puedes reemplazar la foto por una muñeca y le pones un papelito con tu nombre en la frente.

55

Siéntate en un lugar apacible, donde estés sola y sincérate con esa imagen. Seguramente volverán decenas de imágenes que te causen tristeza, vergüenza, rabia... Deja que afloren. Llora lo que necesites. Exprésate. Toma esa foto o muñeca con cariño y déjale saber que era muy pequeña para entender lo que sucedía, que sabes que hizo lo que pudo para sobrevivir y salir adelante. Abrázala y dile cuán orgullosa estás de ella, de lo valiente que fue y que ha sido durante todos estos años. Exprésale tu amor, tu gratitud. Y anímala a perdonar, a perdonarse, a entender y a dejar que todos esos sentimientos se alejen para siempre.

≫ Te sugiero utilizar como guía para conectar con tu niña interior las meditaciones de Louise Hay. Aquí te comparto un enlace que puede servirte de guía para comenzar:
https://www.youtube.com/watch?v=ybXfYDzyZeA

⋙ También puedes utilizar alguna meditación enfocada en sanación a través del segundo chakra, que está precisamente vinculado a nuestra sexualidad.

⋙ Si sientes que no puedes superar el abuso sola, busca ayuda profesional y un grupo de apoyo. Cada quien tiene su tiempo y su método. Lo realmente importante para poder sanar, vivir una vida sexual plena y feliz, es enfrentarlo y tratarlo, de la manera que te funcione.

⋙ Rescata tu diosa interior, caminando como una. Te puede parecer ridículo, pero nuestra postura es una de las señales más fehacientes de lo que cargamos internamente. Por eso, para rescatar a esa diosa que llevas dentro, debes reconocerla, exaltarla y mostrarla. Toma conciencia de que está dentro tuyo y sácala a relucir. Cada vez que te levantes y camines, siente como si fueras Afrodita la que se levanta de su trono y se desplaza. Ve a un parque, a la orilla de un lago, a la playa o por tu vereda y avanza sintiendo la brisa en tu rostro. Verás cómo poco a poco, esa diosa interior se empieza a empoderar de tu cuerpo nuevamente.

56

⋙ Consiéntete. Ámate. Disfrútate. No le temas a tu cuerpo, acéptalo, gózalo y mímalo. Haz todo lo que sientas que puedes agregar para mejorarlo, pero no te critiques. La crítica es una manera de sabotear tu derecho a ser feliz contigo, culpándote del pasado. Ya no más. Deja eso atrás. A partir de hoy disfrútate sin culpas, sin vergüenza, sin miedo al qué dirán, al pecado. Sé feliz contigo.

A continuación te comparto una guía para ayudarte a lograrlo y a realizar la "incubación" de tus deseos y proyectos a través de la energía sensual y sexual:

—Escoge un momento y un lugar donde puedas estar al menos por un par de horas sola y tranquila.

—Pon música que te agrade y te permita relajarte, soltarte y fluir.

—Enciende velas, inciensos o aceites aromáticos que perfumen tu ambiente.

—Bebe una copa de vino o un trago que te guste.

—Usa una ropa de tela que sientas como una caricia a tu cuerpo. Disfrútala por unos minutos. Toma consciencia de su suavidad, de su roce en tu piel, de lo bien que te hace lucir.

—Baila por un rato. Da igual cómo lo hagas. Deja que tu cuerpo se exprese. Utiliza tu imaginación para crear la situación que te motive a sacar tu sensualidad a través del movimiento.

—Luego, regálate un baño tibio y siente cada centímetro de tu piel.

—Recuerda algún momento especial, en cualquier etapa de tu vida, en el que te hayas sentido plena, feliz, vital y sobre todo, conforme contigo misma. Vuelve a experimentarlo en tu mente.

—Unta de miel tu cuerpo y frota con ésta tu cuello, tus senos, tus caderas, tus piernas, tus pies... Disfruta por el tiempo que desees de la sensación cálida que provoca y de su poder curativo. La miel endulza, sana y libera de todo lo tóxico. Siente su delicioso poder restaurador.

—Dale un tiempo especial a tus brazos y manos, agradeciéndoles que sean el instrumento que te permite manifestar tu amor y aprecio hacia otros, a través de un abrazo, una caricia y todo aquello que puedes crear con éstas.

—Déjate fluir, sonríe, exprésate, suéltate y experimenta toda tu sensualidad.

—Báñate con agua tibia y sé consciente del recorrido del agua por tu cuerpo.

—Siente tu piel y descubre cada milímetro, poro a poro.

—Siéntete hermosa. Respira, acaríciate y siente la diosa que hay en ti. Conéctala con tu energía sanadora.

—Si en algún momento te desconcentras o viene algún pensamiento nefasto, que no te gusta o te recuerda algo desagradable, respira y trae a tu mente nuevamente aquel momento de felicidad y plenitud que recordaste al principio.

—Siente el latido de tu corazón, la fuerza y el poder que posees. Envíale amor a tus órganos sexuales, a aquellos externos y los internos. Agradéceles la posibilidad creadora que está en ti y la de ser instrumentos de felicidad, de conexión con otro ser humano, de realización y de placer.

—Conecta y estimula tus sentidos para descubrir el amor y la pasión por ti, por la vida y las experiencias que te proporciona. Mereces sentir placer.

—Expande y deja fluir tu energía. Llénate de esa vitalidad completamente renovada.

—Descansa relajadamente unos minutos, agradeciéndole a tu cuerpo y a tu energía vital por permitirte disfrutar de tu sensualidad de manera agradable, libre y plena. Tu diosa interior comienza a revivir en ti.

"Yo Soy la presencia de Dios en mí.
Dios de Dios, Luz de Luz, permíteme sanar todas aquellas heridas que hay en mi cuerpo, en mi mente y en mi alma.
Ayúdame a expandir mi energía vital.
Ayúdame a revivir mi diosa interior, para que pueda disfrutar de mi energía sensual y sexual de manera saludable, plena y feliz.

Así Es, Así Es y Así Será".

IV. APRENDIENDO A AMAR

LAS FORMAS DEL AMOR VERSUS APEGO

Hace un tiempo vi una entrevista a la líder budista tibetana y autora Jetsunma Tenzin Palmo que me cautivó. Ella explicaba de manera magistral y tan sencilla, la diferencia entre el amor verdadero y el apego.

Según Tenzin, el problema es que confundimos una cosa con la otra y son completamente distintas. Aunque creamos lo contrario, el apego es un sentimiento egoísta, que se mueve por el miedo, que nos lleva a aferrarnos a la otra persona como sea, usando cualquier método, por miedo a perderla y a sufrir. Exigimos que nuestro "ser amado" esté junto a nosotras para que nos haga feliz. Pero el amor verdadero es lo opuesto, pues el objetivo es hacer feliz al otro y eso es lo que nos nutre, la generosidad. El saber que le proporcionamos lo que podemos para que esté de la mejor forma posible, realizado, pleno y feliz. Si en ese plan, estamos consideradas, pues maravilloso y si no lo estamos, debemos estar igualmente tranquilas y felices con su decisión. Pero el proceso debe fluir de manera natural, en completa libertad.

¡Suena espectacular! Y en efecto, lo es. Lo que pasa es que los seres humanos estamos acostumbrados a vivir las relaciones con apego, movidas por las razones equivocadas: hijos, conveniencia, estatus, posición y presión social o familiar. Nos es difícil entender la diferencia entre una forma y la otra, comenzando relaciones, terminándolas, empezando nuevamente, error tras error, sin darnos el tiempo para mirarnos interiormente y descubrir cuál es el modelo por el que nos estamos rigiendo y enmendar las cosas.

También me sucedió. Mi vida afectiva comenzó de manera tan temprana, como la sexual. Mi crianza "a la buena de Dios" me había hecho crecer prematuramente.

Tuve una niñez solitaria, sin hermanos, primos ni muchos amigos contemporáneos. No fui una niña triste, pero maduré física y emocionalmente muy rápido. Antes de cumplir diez años tenía llaves de mi casa, pudiendo entrar y salir a mis anchas. Sumado a eso, las intermitentes experiencias de abuso me hacían buscar inconscientemente amigos bastante mayores, pues no sentía conexión con gente de mi edad. Los hombres me daban la seguridad que había sentido esquiva durante mis primeros años.

60

EL PRIMER ROMANCE

Tenía casi 15 años cuando comencé a salir con un chico diez años mayor. Hoy en día, en países como Estados Unidos, se pone en tela de juicio y se considera un delito el que una persona menor de edad se relacione con un adulto... y con razones suficientes. Pero no nos olvidemos que en la década de los 80 y en un país como Colombia —realmente en la mayoría de Latinoamérica— eso era algo considerado normal. Incluso, en muchos lugares todavía lo es.

Debido a esa diferencia abismal de edad entre mis amistades, mi adolescencia transcurría entre las discotecas más populares de la época dura de Medellín. La misma que han mostrado hasta la saciedad en todas las series de narcos y capos de la droga como Pablo Escobar o los hermanos Ochoa, donde se movía dinero, sexo, alcohol, excesos de todo tipo y curvas al ritmo de salsa en los clubes donde se reunía la crema y la nata de la sociedad colombiana.

Así pasé casi sin pestañear de hacer mi primera comunión, a convertirme en la reina de la noche paisa. Y gracias a que he sido muy extrovertida y amistosa, me volví la chica popular, miembro honoraria de los rumbeaderos o discotecas, la que todos los guardias de seguridad conocían y dejaban pasar sin hacer ni la fila.

En esos ambientes conocí a mi primer novio, todo un hombre para mí. Puse mis ojos en él y decidí conquistarlo. No me importaba que tuviera que competir con mujeres con experiencia y chicas que me llevaban años de delantera en todos los sentidos posibles. Ni siquiera pensaba en esos detalles. Y como no les daba importancia, no les temía y por lo tanto, todo fluía a mi favor... Una buena lección que aprendí en ese momento es que si no le damos poder a algo, no lo validamos y no le tememos, se hace prácticamente inexistente. Es el miedo el que nos hace dudar ante los desafíos y nos hace menospreciarnos.

La noche que mi novio y yo íbamos a pasar juntos por primera vez los nervios me carcomían. Por eso, para tomar valor y tranquilizarme, se me ocurrió beber un poco de aguardiente. Pero por supuesto, bebí tanto que hasta el sol de hoy no me acuerdo de lo que pasó.

Cuando desperté, él lloraba junto a mí y yo, con plena resaca en el cuerpo, no entendía qué le sucedía. Estaba decepcionado al ver que no había sangrado, por lo tanto, su machismo le hacía entender dolorosamente que "no era virgen", como él pensaba.

Hago acá un paréntesis, a modo de llamado de atención sobre cómo no podemos juzgar, en este caso, a una mujer que no sangró en su primera relación y, cómo nuestra sociedad ha permitido generación tras generación, patrones y prejuicios errados. No cabe duda de que madres, padres, mujeres, hombres, todos los seres humanos, necesitamos urgentemente dejar de juzgar. Hacerlo es tan dañino, pues nunca sabemos qué sucede dentro de cada ser humano, cuáles han sido sus experiencias de vida, cómo y por qué hace o se comporta de cierta manera. Debemos pensar primero que todo tiene una razón, la cual no siempre conocemos y puede que tampoco la lleguemos a descubrir. Sólo debemos dejar ser, aceptar y respetar.

En mi caso, ¿cómo iba a sangrar o ser virgen si la primera vez que el vecino introdujo sus dedos en mí, siendo apenas una niña ya había roto todo, hasta esa ilusión? Pero no era lo único que tenía destrozado a mi novio... También lo estaba porque en medio de mi borrachera, le había dicho el nombre de otro chico. Nunca supe por qué me traicionó el subconsciente esa noche ni de quién se trataba, pues no tenía otro interés. Lo cierto es que el incidente de la confusión de nombres quedó marcado. Cada vez que recuerdo esa "primera vez" no puedo evitar sonreír de la inocencia y candidez que pese a todo, llevamos a cuestas hasta ese momento. De todos modos, con todo y sus cosas, con ese noviecito estuvimos un par de años juntos.

PEGADA AL TELÉFONO... (LA PRIMERA DECEPCIÓN)

En una ocasión, acompañé a mi mamá a un evento de su compañía de cosméticos, que se realizaba en un fastuoso hotel de la ciudad. La conferencia duraba tres días y en ese lugar, como sucede en muchos otros, paralelamente había seminarios y cursos, entre estos, uno de ganadería. Allí conocí a un joven y guapo empresario ganadero caleño, que me flechó desde el primer momento. Para ser honesta no era extremadamente joven, por eso precisamente cumplía con ese "detalle" de mi gusto por los hombres mayores y, en este caso, me superaba al menos por unos cuantos años.

Fue, literalmente, un flechazo y quedamos encantados el uno por el otro, al punto que me invitó a conocer su finca en Cali. Así, apenas el evento terminó, me fui rumbo a esa ciudad.

Recuerdo que fui absolutamente feliz por unos días, viviendo un romance como de película, con ese hombre maravilloso, casi un príncipe estilo vaquero, que no tardó en proponerme matrimonio y armarme todo un castillo de sueños. Como me acababan de expulsar de la escuela, me propuso que terminara mis estudios en Cali. Él se encargaría de todo. Realmente era como un cuento de hadas y eso me encantaba.

El plan que me armó era que regresara a Medellín para contarle a mis padres, buscara los documentos necesarios para la boda, regresara a Cali a casarnos y empezar esta nueva vida de princesa campechana en esa finca maravillosa, cual palacio agreste. Mi "prometido" me compró los pasajes y partí con mi misión.

Mi felicidad era tal, que no hacía otra cosa sino transmitir todo el día en torno a mi próxima boda, mientras estaba pendiente del teléfono que sonara con el príncipe vaquero al otro lado de la línea, para darme los detalles de nuestro futuro. Me pasé horas y horas sentada junto a ese aparato con la ilusión de escuchar su voz nuevamente... Pero pasaban los días y no llamaba. Siguió pasando el tiempo y esa llamada jamás ocurrió. Como dice una canción: *"me pintó pajaritos en el aire"*...

Ése fue un doloroso golpe y una fallida primera boda. Sin embargo, mi ego nunca me permitió contar las cosas como eran y la versión oficial hasta el día de hoy, fue que decidí terminar esa relación simplemente por aburrimiento. ¡Perdón, no iba a quedar como la novia plantada! Pero la verdad es que lo fui, porque quizás nunca estuvo entre los planes de aquel donjuán, sino ilusionar a una adolescente, para poder pasar unos días juntos. Lo cierto es que estaba tan decepcionada que entré en una profunda depresión. Y es que todas somos vulnerables en algún momento de nuestra vida. Más todavía cuando intentamos cubrir esa vulnerabilidad haciéndonos las "duras", tapando los sentimientos con un manto de fortaleza y frialdad que no es real.

Con 16 años y medio mi corazón estaba destruido. A esa edad me creía más grande y madura de lo que en verdad era y aquel hombre encantador había encontrado una presa fácil. Como dice la canción de Maná: *"lloré todo un río"* y confieso que ha sido la única vez que incluso adelgacé *"por amor"*. Realmente no era ese sentimiento, pero se trataba de la ilusión juvenil convertida en trizas. Pero mi ego era tan alto como yo y nadie se enteró de mi tristeza, pues me encargué de disimular, salir y parrandear como si no hubiese sucedido la gran cosa.

EN LAS NUBES... CAMINO AL INFIERNO

A poco andar, en octubre de 1986 mi vida dio el primer gran giro. Como mi amistad con los porteros de las mejores discotecas era conocida y mis amigos sabían que llegar conmigo era una carta segura para ahorrarse filas y malos ratos, no me faltaba compañía para la rumba semanal. Bailaba hasta que mis pies ya no daban tregua; fumaba y bebía aguardiente en un intento de demostrar estar a la altura de las circunstancias y del resto. Las drogas, sin embargo, nunca me llamaron la atención.

En una de mis visitas a la barra, en una noche cualquiera en el club de moda de ese momento, me dijeron que había un señor que quería conocerme. Eso de "querer conocer a una muchachita" se estilaba mucho entre los narcos y sicarios de alto rango de la época. Llegaban allí con sus vistosas tenidas, rodeados de escoltas, grandes joyas y gastando billete para hacerse notar. Solían ser hombres con poca educación, no muy bien parecidos y que habían crecido en los barrios más peligrosos, quienes necesitaban de aquella ostentación para llamar la atención de las mujeres. Y aunque mi locura adolescente era atrevida, siempre tuve claro que ése no era mi estilo, ni conocer a un mafioso era mi idea de una relación amorosa. Así es que cada vez que recibía esos comentarios e invitaciones, encontraba la manera de evitarlos sin que la negativa me enviara directo al panteón. Y tuve mucha suerte, pues nunca me vi involucrada en una situación que me obligara a algo que no quería.

Al poco rato, sin embargo, choqué con un hombre sentado en la barra. Me invitó a un trago y lo acepté. Por entonces, con mis amigos debíamos ahorrar toda la semana para poder salir de fiesta y con suerte comprarnos una botella de aguardiente para pasar la noche, así es que si alguien nos invitaba, nunca despreciábamos la oportunidad.

Sin querer, resultó ser el hombre que había pedido conocerme. Se trataba de Alberto, un piloto de aviones que sabía conquistar de manera muy distinta a lo que hasta entonces había conocido, con toda una artillería de astucia y encanto. Nos tomamos el trago, hablamos un poco, pero seguí la fiesta con mis amigos.

Al finalizar la noche, me pidió el número de teléfono que, seguro recordarás, a fines de los 80 era el de la casa, el cual anotábamos en una servilleta, un papel o simplemente, en la mano. No contábamos con la "magia" del celular.

Quince días después recibí una llamada del "piloto", invitándome a salir. En mi mundo de fiestas casi diarias, la verdad es que a esas alturas, poco lo recordaba e intenté sacármelo de encima diciéndole que ya tenía un compromiso para esa noche, en el mismo lugar en que lo había conocido. Pero cuando llegué con mis amigos de siempre, ahí estaba él.

Intercambiamos un par de frases y seguí mi noche de rumba habitual con los de siempre. Una semana más tarde volvió a llamarme y esta vez me invitó a comer.

¿A comer? A esa edad y en aquella época nadie nos invitaba a comer. Pero claro, era un hombre nueve años mayor que yo, con trabajo, estabilidad y bastante más mundo recorrido que el que podía tener cualquiera de mis amigos. De hecho, casi quedé petrificada cuando al llegar, tocó la puerta y no la bocina a todo lo que daba, como acostumbraban hacerlo quienes pasaban por mí. De ahí en adelante, cada detalle que tuvo me parecía como sacado del libreto de una película: saludar de mano, abrir la puerta del vehículo, cerciorarse de que me abrochara el cinturón de seguridad, poner la silla en el restaurante, encenderme el cigarrillo, pedir el mejor vino, degustarlo...

Hasta ese momento, mi mayor contacto con restaurantes había sido en las grandes celebraciones familiares, pidiendo unas cuantas cajitas de arroz chino por teléfono para compartir entre todos y ahora, allí estaba, sentada en uno lujoso, especializado en comida de mar, con un hombre que parecía cual Marlon Brando en sus mejores tiempos de seductor. Eso era distinto a todo lo conocido. Aunque de igual forma, luego de cenar, nos fuimos a la misma discoteca donde nos habíamos conocido.

Me encantaba todo en este hombre tan enigmático, pero igual de poderoso era mi desconcierto, porque a esas alturas de la noche todavía no había hecho intento de acercamiento.

"Apuesto que ahora me pone la mano encima... Seguro que se lanza con un beso"... Así me pasé pensando durante toda la velada, pues era lo que hacían típicamente los hombres mayores y adinerados. Primero, intentaban deslumbrar a sus conquistas para luego darles el zarpazo. Pero no hubo nada de eso.

Cuando finalmente me llevó a mi casa, me abrió la puerta, me dio la mano, me agradeció el tiempo que le había dedicado y me dijo: —Que tengas una feliz noche. Nos vemos—. Cerré la puerta completamente intrigada y lo único en que pensé fue: "no le gusté o es gay".

¡Claro! Es que lamentablemente las mujeres estamos tan mal

acostumbradas a que nos acosen, nos violenten y en el mejor de los casos, nos seduzcan por unos cuantos minutos y de inmediato recibamos la mordida, que no sabemos apreciar algo distinto sin encasillarlo erróneamente. Con los años me di cuenta de cuánto prejuzgué esa noche, simplemente porque "el piloto" había roto el molde de la conquista.

REPITIENDO MIS PATRONES

Efectivamente "el piloto" me había roto el molde con premeditación y alevosía, pues ése era su estilo. El juego de seductora indiferencia le funcionó y una semana después volvimos a salir, empezando mi relación con Alberto. Una, que me iba a marcar profundamente, en todos los aspectos, por el resto de mi existencia.

De la dependencia económica y cuidados de mi papá en los años anteriores, pasé a la suya, por completo. Me vestía de pies a cabeza y de ser la clásica adolescente de jeans, camiseta y zapatos deportivos de multitienda clase media, pasé a usar ropa más ceñida, ultra sexy y de marca. Eso para comenzar, pues apenas cumplí 18 años me propuso que a partir de ese momento todo lo que me gustara y me quedara, me lo compraba... Con un detalle en particular: debía ser en talla 10.

Nunca fui ultra delgada. Mi contextura es grande, de mujer alta y robusta. Pero a partir de ese momento mantenerme en forma para encajar en su meta de peso se transformó en mi principal desafío. Si estaba en talla 12 debía ponerme a dieta rápidamente para encajar en su molde. Una sutil y a la vez, poderosa manera de ejercer presión y marcar la pauta de lo que quería en la mujer que lo acompañaba. A esa edad no era tan difícil. Y los beneficios, para ser honesta, los encontraba maravillosos. Con ese novio fantástico podía desayunar en Cartagena, almorzar en Bogotá y cenar en Medellín. Un lujo que ni en sueños podía imaginar a esas alturas una estudiante de secundaria.

Cuando estaba por terminar la escuela, me preguntó qué quería estudiar. En ese momento, como le suele pasar a muchos adolescentes, la verdad, no tenía idea, pues todo me gustaba, pero ninguna carrera me apasionaba lo suficiente como para optar por ella. Finalmente me decidí por administración de negocios.

Luego, me preguntó dónde quería hacerlo. Si bien mi familia no tenía para costearme la universidad más costosa de Medellin, podía hacerlo en una más económica. Sin embargo, "el piloto" no sólo comandaba sus aviones, sino que ejercía todo el control sobre mis acciones. Me sugirió que completáramos los papeles de ambas universidades y si pasaba los exámenes de la más costosa, él se haría cargo de todo. Pasé ambas, pero obviamente los egresados de la universidad más cara tenían mejores oportunidades laborales, pues eran más cotizados. Y él se encargó de pagarme toda la carrera.

Realmente fue mucho más que eso... Pues se encargó de generar una total dependencia económica y emocional. Entonces yo, que hasta hacía poco iba por el mundo como una cabra montés, libre como el viento, sin rumbo, pero sin ataduras, empecé a estar amarrada a este hombre y controlada por él.

Salía de mis clases o mis exámenes y él me recogía para reunirnos con sus amigos. Por lo tanto, dejé de salir con los míos, pues mi novio llenaba y demandaba mis tiempos. En síntesis, mi vida entera giraba en torno suyo y a su ritmo, absolutamente competitivo. Algo que hasta entonces no conocía.

— ¿Cómo te fue en el examen?— solía preguntarme.
— ¡Ah, muy bien! Saqué 4,8— respondía, feliz y orgullosa de mi resultado.
—Y ¿por qué no sacaste 5?— agregaba él.
Nunca mi desempeño era perfecto. Siempre me faltaba algo. Jamás era lo suficientemente buena... No sólo estudiando. Esa medición tan estricta y perfeccionista lo abarcaba todo.

Era un hombre adinerado, bien parecido, elegante, inteligente y fuera del común denominador de la época. Un hombre de mundo, preparado, con educación y "de buena familia", como dicen en mi tierra (la verdad, nunca me han gustado esos adjetivos calificativos). Por lo tanto, tenía a todas las mujeres que alguien pudiera imaginar a su disposición. Lo sabía y hacía uso de ese privilegio. La competencia para mí era muy dura.

Nunca me sentí lo suficientemente hermosa, porque me hacía pensar que habían otras más bonitas. Tampoco era lo suficientemente buena, porque se encargaba de mostrarme que siempre había algo en lo que fallaba.

Nuestra relación era de pasión y de muerte. No había forma de hablar ni de tocar los temas importantes, de dialogar y ver cómo mejorarlos. De hecho, jamás le pude preguntar qué pasaba, cómo podíamos arreglar las cosas o realmente qué esperaba de mí. El diálogo entre nosotros nunca se dio, era un ítem imposible.

Si accidentalmente empezábamos a hablar, en cuestión de minutos acabábamos discutiendo. La única forma que teníamos de conectarnos era sexualmente, donde no había nada mejor. Juntos éramos una explosión de erotismo, de seducción, de juegos y de todo lo que alguien pudiera imaginar en pareja. Y era precisamente lo que nos mantenía unidos. Pues por alguna razón, a pesar de sus múltiples amantes, muchas de ellas, permanentes, seguía siendo su mujer, la favorita o, como dicen en nuestros países: "la catedral" y el resto, "las parroquias" —¡conceptos tan nefastos con los que crecimos y que seguimos transmitiendo aún hoy!—.

Terminábamos la relación constantemente y volvíamos. Increíblemente tendemos a repetir los patrones de nuestros padres, de nuestros abuelos y yo, no fui la excepción. Después de años recriminando a mis padres por ese constante tira y afloja, de años de mala vida, volviendo y separándose una y otra vez, como si fuera un juego, arrastrando todo alrededor, y ahí estaba yo, jugándolo también, con la única diferencia de que no teníamos hijos sufriendo las vicisitudes de esa relación enfermiza.

Muchos expertos en comportamiento humano dicen que el primer amor de toda niña es su padre. Y cuando una pequeña siente que éste no la quiere porque cree que no es lo suficientemente buena, tiende a repetir ese modelo de hombre riguroso y manipulador en su pareja. Así encontré a uno bien parecido, inteligente, mujeriego, como mi papá, para quien tampoco era "lo suficientemente buena". Y en eso se volvió mi relación, en una copia de la de mis padres.

Me convertí en una extensión de mi pareja, de sus gustos, de su círculo de amigos, de su familia, de su mundo. Debía hacer lo que él quería, con la gente que quería, estar vestida como él deseaba y en la talla que le gustaba. Una presión enorme que hacía tiempo había dejado de ser divertida. Sin embargo, a esas alturas mi dependencia emocional, psicológica y económica era total y sabía que al dejarlo, perdía la universidad, y la comodidad nos arrebata muchas veces la dignidad. Pues, de igual forma tenía claro, que se acabaría también esa vida de viajes a Miami, al Caribe, a todo el país y ese estilo de "niña rica" que llevaba. Pero sobre todo, dejar "al amor" de mi vida, no ser su novia, "su amor" me aterrorizaba. Era el costo que debía pagar.

CUANDO LAS MUJERES AMAMOS DEMASIADO...

En un momento, Alberto, "el piloto", decidió comprar un inmenso terreno y construir una finca. Allí teníamos una lancha para disfrutar durante los fines de semana y las vacaciones, pero mi mayor recuerdo es que cada viaje a ese lugar acabó convertido en discusión, en drama y en malos momentos.

Cursaba séptimo semestre de la universidad y poquito a poco había empezado a tener amigos contemporáneos, a asistir a sus fiestas y a sus actividades. Por primera vez, en mucho tiempo, volví a divertirme de verdad. Me sentía bien entre gente de mi edad. No me criticaban, podía hablar de temas triviales, incluso, de tonterías y no había problema. Al contrario, me hacían sentir que era la chispa del grupo.

Recuerdo que en una ocasión, cometí el error de integrar a Alberto a esas actividades, llevándolo a una reunión en casa de quien se había convertido en una de mis mejores amigas. Mi comportamiento durante toda la noche fue completamente opuesto al que acostumbraba a tener con ellos. Era una persona distinta. Una mujer fría, muda, yerta. Incapaz de mostrar emoción. Ni la sombra de la compañera divertida y locuaz de siempre. Al día siguiente, me pidieron que no repitiera aquel "experimento social" y en un acto casi de iluminación maternal, la mamá de mi amiga Marcela, que estuvo durante la fiesta, me sugirió que por ningún motivo cometiera la aberración de casarme con aquel hombre o me arruinaría la vida.

Así, cada ocasión, cada encuentro, cada oportunidad por espectacular que comenzara, acababa en un trago amargo, que cada vez se me hacía más y más difícil de pasar. Pero era incapaz de tomar acción y dejar atrás esa historia.

Finalmente, durante la Navidad de 1991, que pasamos en la finca, algo me movió a sincerarme conmigo misma y pedir lo que necesitaba para acabar con ese círculo vicioso. Aquella noche recuerdo que, empapada en lágrimas, me senté frente al mar y le pedí al universo que me diera la fuerza de voluntad y los medios económicos para cortar esa relación, con esa dependencia que me estaba destruyendo.

73

Me sentía miserable, tan poquita cosa y con mi autoestima por el piso... Un trapo, muy bonito, pero trapo al fin.

Cuando el libro Las mujeres que aman demasiado cayó en mis manos, fue como amanecer, después de una larga, oscura y tenebrosa noche, y abrir las ventanas de par en par para respirar el aire limpio y fresco. Fue un paso fundamental para tomar el impulso que necesitaba y las acciones precisas. Pero sobre todo, una herramienta que me llevó a tomar consciencia, a entender mi proceso y a trascenderlo.

Ese libro muestra cómo las relaciones de codependencia son como cualquier otro vicio: el de un alcohólico, un drogadicto, una adicción al azúcar, a la comida, a cualquier sustancia u objeto ajeno. Nos volvemos "adictas" a ese tipo de relaciones. Y esos patrones, en la mayoría de los casos, se siguen repitiendo generación tras generación. Suele ocurrir que desde niñas sufrimos de maltrato físico, psicológico o sexual, muchas veces combinados o todos al tiempo, que también ya han experimentado nuestros padres de sus progenitores. Y ese sentimiento de no sentirse querida, ni lo suficientemente buena continúa repitiéndose en nosotras cuando crecemos, atrayendo "figuras" de pareja con las mismas características, que siguen ejerciendo ese abuso en nosotras. Muchas mujeres llegan a tal extremo, que si sus parejas no las golpean y maltratan, sienten que no las aman.

Entonces entendí que estaba repitiendo un patrón que había tenido con mi papá. Lo que sentí siendo muy niña, ese "abandono" o despreocupación emocional por no ser lo suficientemente buena para él, lo estaba repitiendo con este hombre que era mi pareja. Por esa misma razón siempre me había acercado a hombres mayores, buscando el camino y la protección que no me dio mi padre. Y Alberto encajaba perfectamente con aquel modelo paterno, cubría mis necesidades materiales, emocionales y psicológicas, pero me hacía sentir miserable.

A partir del entendimiento del origen de lo que me sucedía, de lo que estaba haciendo, comencé el camino para superarlo. Para eso, lo primero que debía hacer era buscar mi independencia económica y junto con estudiar, me puse a trabajar. Lo hacía durante el día y por la noche estudiaba, lo cual me ayudó a generar mis propios ingresos.

El hecho de comenzar a valerme económicamente por mí misma, no sólo me otorgó la confianza de que podía ser autosuficiente, sino que fue también la puerta para comenzar a crear nuevamente mi mundo. Conocí gente distinta, con la cual podía ser yo misma y poco a poco empecé a distanciarme de la burbuja en la que estaba viviendo.

Los hombres, al igual que nosotras, tienen un olfato finísimo "para oler" las intenciones, y de alguna forma, Alberto presintió lo que venía. De regreso de uno de sus viajes a Estados Unidos, se esmeró como nunca en llenarme de regalos e incluso, cocinar para mí, en un gesto completamente inusual de su parte. Pero ya las cartas estaban lanzadas.

Cuando nos sentamos a la mesa solté la noticia: —Ya no más—. Habíamos terminado y regresado demasiadas veces, que esta ocasión la tomó como otro berrinche sin importancia. Pero esta vez era distinto. Había entendido la razón de un comportamiento en mí que me tenía al borde del abismo. Un estado emocional para el cual no había flores, regalos, ropa ni viajes que pudieran sanar. La cura la tenía yo, en mí. Había recorrido un largo camino para entenderlo y venía mucho más hacia adelante para superarlo de verdad, pero estaba decidida. Tal como un alcohólico que decide entrar a rehabilitación, debe asumir que a partir de ese instante cada día sin beber es un logro, sabía que seguir sin mirar atrás sería mi prueba de sobriedad. Pero ahí estaba, dispuesta a sanar.

Como buen Leo, su orgullo no le dejaba aceptar que una muchachita de 22 años, tan "poquita cosa" le diera con la puerta en la cara a él, un hombre deseado por todas, guapo, adinerado y exitoso. Y por primera vez hizo todos los intentos para hacerme cambiar de opinión, proponiéndome incluso que nos casáramos y que nos escapáramos, a una semana de su boda con otra mujer. Pero nada me hizo dar pie atrás. Y en la Semana Santa de 1992 dije "no más" al patrón de abuso en mi vida.

75

¡LA EMBARRÉ!

El trabajo realmente me abrió al mundo, a conocerlo de verdad, a comenzar a interactuar con personas distintas y a volver a divertirme de manera sencilla, espontánea, sin máscaras ni imposiciones. ¡Volver a disfrutar la vida!

Así, con el tiempo y los nuevos amigos que cada día se iban sumando, conocí a alguien en el trabajo: Mario. Un hombre completamente opuesto a lo que era mi gusto anterior: contemporáneo, sin dinero, solamente con un auto en el que pasear; muchísimo más bajito que yo, pero encantador y con una familia acogedora, que era lo que siempre había deseado tener.

Compartíamos no sólo el trabajo, sino los amigos, los gustos, los chistes, la diversión con lo más simple de la vida y eso, me hacía sentir extraordinariamente bien. Era un compañero de aventuras y un amigo incondicional, con el cual podía reír o llorar en confianza y sentir contención. Había esa complicidad que le hacía bien a mi alma en ese momento. Así es que comenzamos a salir, sin mayores dramas.

—¿Casémonos? —me preguntó un día cualquiera, con total soltura, como si me estuviera consultando sobre ir al cine. Pero si la pregunta fue una explosión de locura, mi respuesta lo fue aún más.

—Perfecto. ¿Cuándo? —Respondí, sin darle mayores vueltas.
—¿Te parece agosto 14, para irnos a San Andrés de luna de miel, aprovechando que ése es un fin de semana largo? —agregó.

—-Ok. Hagámoslo.

Fue quizás la sensación de libertad, tras haber salido de esa jaula de oro, que, sin embargo, me hacía sentir miserable. Y estaba este hombre que aunque no tenía nada material que ofrecerme era un compañero, un amigo, con una familia que me hacía sentir querida y con quien podía ser auténtica, lo que me llevó a lanzarme a la aventura.

Me casé, me fui de luna de miel a la espectacular isla de San Andrés, en el Caribe colombiano y cuando estaba de regreso en mi casa, algo terrible me vino de golpe y pensé: "¿qué estoy haciendo? ¡La embarré!".

Con el tiempo, las experiencias y todo lo que he aprendido con seminarios, charlas y libros de todo tipo, he tomado consciencia de que luego de terminar una relación es necesario realizar un tiempo de duelo antes de iniciar una nueva. Aprender, desmenuzar el proceso, entenderlo y realizar una introspección para descubrirnos, entendernos, aceptarnos, mejorar y sanar. Hay un tiempo para cada cosa y eso incluye un periodo de soledad. En este caso, no lo tuve. Y ese matrimonio era el resultado de ese arrebatado "escape", en un intento de cubrir lo anterior.

77

Mi esposo era el hombre perfecto para todos. Mario era una persona buena, sutil; su familia era unida y me aceptaba como era. Eran simplemente maravillosos y quería pertenecer a ese clan. Celebraban con una alegría y entusiasmo únicos las navidades, cumpleaños y todas las fiestas... Eran todo lo que no tuve siendo niña: una mamá convertida en una suegra consentidora, que cocinaba para todos y era infinitamente cariñosa; un suegro encantador, dos cuñadas maravillosas, tías, tíos, primos... La familia ideal. Todos me querían y yo los quería a todos. El núcleo era perfecto. Pero él, con toda su bondad, no era para mí, porque soy una mujer extremadamente apasionada.

Hubo también otros aspectos que nos fueron separando. No compartíamos la ambición ni el deseo de superación. Yo, tremendamente fuerte de carácter y organizada en las finanzas, era el motor de ese matrimonio, pero a solas. Él, en cambio, nunca tenía dinero y solía retrasarse con los compromisos que le correspondía.

Me puse metas, como el comprar en un año un apartamento y lo logré. Nos mudamos allí, lo decoré y lo mejoré a solas. Aunque era el hogar para disfrutar como pareja, los proyectos siempre eran míos. Ya no contaba con ese "compañero" de batalla. Sin embargo, tenía el firme propósito de sacar adelante ese matrimonio. Así es que decidí olvidarme de esos "detalles" que no compartíamos, concentrándome en el trabajo y en superarme.

Obtuve mi postgrado y me ascendieron en el trabajo. Mientras tanto, cada día nuestros caminos se seguían separando. Salía con mis compañeros de trabajo y él, con los suyos, hasta que un día me di cuenta que definitivamente ya no funcionábamos como pareja.

Una de mis grandes amigas, Gilma, quien ha sido mi confidente y un ser de luz en mi vida, cuando conoció a mi esposo se dio cuenta que no estábamos en sintonía. —Ustedes se van a separar —me dijo, con toda la certeza que le cabía.

Hasta entonces había hecho todo lo posible porque las cosas funcionaran, aun con mis caídas y las suyas, pero nunca había pensado en romper esa unión. Y empezó a rondarme la idea... Sin embargo, me atormentaba la posibilidad de herir a ese hombre que, si bien, tenía diferencias en su modo de actuar y ver la vida, era una buena persona, con quien había pasado lindos momentos. Comencé entonces a pedirle al universo que pasara algo que nos diera la oportunidad de divorciarnos de mutuo acuerdo, sin daños, de manera perfecta y en armonía con todo el universo...

CUANDO EL UNIVERSO RESPONDE... NO HAY DUDAS

La noche del jueves 26 de noviembre de 1999, Mario dijo que saldría, como era habitual, a beber unos tragos con unos amigos. Por mí no había problema y me acosté a dormir temprano. De pronto, a las tres de la mañana me desperté sobresaltada. Mi esposo no estaba durmiendo en la cama y tampoco en la sala... No había regresado.

En esa época, en la compañía para la que trabajaba, estábamos estrenando celulares y fue la oportunidad precisa para ponerlos a prueba. Lo llamé simplemente para saber si estaba bien. Me respondió medio balbuceando y a los segundos sentí a su lado una voz de mujer que le preguntaba quién lo estaba llamando. Colgó abruptamente y cuando volví a marcarle ya no respondió. Regresó casi tres horas después, completamente ebrio.

Según él, a media noche, había sido víctima de un asalto en un cajero automático, realizado por un grupo de mujeres. Me dijo que ellas lo habían obligado a subir a su auto, apuntándole con un arma y luego, lo habían llevado por los cajeros de la zona hasta quitarle todo el dinero.

—Cuando llamaste, respondió una de ellas y por eso no pude volver a contestar —me dijo, en medio de aquella embriaguez que, inexplicablemente, seguía al rojo vivo, como si acabara de beber.

—A cualquiera que lo asaltan, del susto se le pasa todo. Pero ¿una borrachera de más de 5 horas? Mejor acuéstate a dormir y mañana hablamos —le respondí.

Nunca he sido una mujer que revisa y busca entre las pertenencias de su pareja. Creo que cuando nos ponemos en esa actitud es porque ya la relación está en picada, es disfuncional y carente de transparencia. Pero sabía que algo estaba mal. Había demasiadas mentiras y enredos que a esas alturas también estaban poniendo en riesgo nuestro patrimonio. Me di cuenta que había chocado el automóvil y que éste estaba repleto de cigarrillos, botellas de alcohol y recibos de pagos. Por eso, mientras dormía, por primera vez tomé su billetera y saqué todos los recibos de esa noche. No pasó mucho para que al día siguiente, al llamar a los lugares, encontrara que uno de estos era de un motel.

No me molestó comprobar lo que sabía desde hacía tiempo. Además, era precisamente lo que había pedido al universo: la vía de escape correcta.

Al día siguiente me llamó para almorzar y le dije: —Se acabó. Nos divorciamos.
—No, pero dame una oportunidad, voy a cambiar —respondió.

Estábamos a las puertas de la Navidad, del cambio de milenio y como todo el mundo, teníamos mucho de qué ocuparnos, por eso, nos pareció que no era el momento de dar la noticia y aguarle la fiesta a la familia. Lo dejamos así hasta comenzar el nuevo año, pero a partir de ese día dormimos separados. Intentamos acercarnos en un par de ocasiones, pero en cada una de éstas, la sensación posterior en mí fue tan desagradable, que me hacía sentir sucia, con cierta repulsión, pues no estaba siendo consecuente conmigo misma.

Comenzando el año 2000 tomé las riendas para prepararme en pos de la próxima etapa: la INDEPENDENCIA. Acababa de terminar mi postgrado de finanzas en la *Universidad de Antioquia*, lo cual me valió un ascenso en la empresa y empecé a enfocarme en la parte económica. También me ofrecieron dar clases en la universidad, así es que era lo suficientemente solvente para salir adelante.

Me senté con mi papá y le conté mi decisión. Él ya se lo imaginaba y por supuesto que me apoyaba.

Como experta en finanzas que soy, organicé todos los pasos que me podían ayudar a disminuir los pagos y estar más tranquila económicamente. Entre esos, con la ayuda de mi padre renegocié mi apartamento. De esa manera bajé las cuotas para seguir viviendo allí.

81

En junio del 2000, después de seis años y medio intentando seguir casados, finalmente Mario y yo nos divorciamos. Poco tiempo después, en un intento de mejorar, él hizo un curso de crecimiento espiritual ofrecido por la iglesia a la que pertenecía. Allí conoció a una persona, muy parecida a él en sus valores, temperamento y forma de ver la vida. Se convirtió en su confidente y amiga. Y por supuesto, se enamoraron.

Pasados algunos meses, Mario me dijo que su novia se quería casar por la iglesia. Y de inmediato pensé en ayudarlo, facilitándole el proceso para conseguir la nulidad. Era sencillo, pues bien sabemos que el objetivo del matrimonio, de acuerdo a la iglesia, es procrear. Y aun sabiendo que yo no quería tener hijos, él pensó que con el tiempo y su amor podría convencerme de tenerlos. Pero no sucedió. Mi opción siempre fue tener perros, pero no convertirme en madre. La razón era más que suficiente para obtener la nulidad y la consiguió. Así pudo casarse con su novia, con la cual hoy son padres de una niña.

Todo ese proceso de mi divorcio, la nulidad y su nueva pareja me demostró una vez más que cuando pedimos las cosas, hay que hacerlo manifestando nuestra intención de que funcionen de manera perfecta con el universo, en armonía para nosotros y para todos aquellos involucrados. No era la mujer para él, ni él para mí. Tuvimos un momento en que ambos nos ayudamos, pero una vez que se comienza a vivir mal ¿para qué condenarse a seguir juntos?

EL ÁNGEL BORICUA

Siempre hago mis peticiones para que se den **"de manera perfecta, bajo la Gracia Divina y en Armonía con todo el Universo. Así Es, Así Es y Así Será. Gracias Padre que me has escuchado"**. Te recomiendo que siempre que pidas algo, lo hagas usando esas palabras. Nuevamente pude comprobar la efectividad que tienen a finales del 2003, después de un año completo pidiéndole al universo que me enviara a vivir a Puerto Rico y de otro tiempo más esperando la aprobación de la visa para hacerlo, finalmente estaba viviendo en la Isla del Encanto. ¡Lo había añorado tanto! Sin embargo, una vez allá las cosas fueron distintas a mis viajes esporádicos de trabajo y a lo que había idealizado en mi mente.

No tardé mucho en comenzar a experimentar el homesick, esa mezcla de sentimientos que generan la soledad, la falta de certeza ante lo desconocido, el miedo y la ausencia de afectos. Y todas aquellas características que me habían encantado en mis viajes de negocios a Puerto Rico ahora me fastidiaban e incluso, encontraba defectos por todos lados.

Cada día, llamaba a mi mamá llorando, en crisis, abatida por todo lo que sentía como algo terrible en mi nuevo hogar y con todos los aspectos que no había considerado antes de dar ese gran salto. Ella, con toda la paciencia y amor del mundo, trataba de consolarme y tranquilizarme.

—Pídale al universo, a Dios y a los ángeles, que le envíen un angelito para que la acompañe, la cuide y sea su amigo —me decía, mientras tanto ella también lo pedía para mí, con todas sus fuerzas.

Así, a los tres meses de arribar a la isla conocí a José, en plena *Placita de Santurce*. En ese lugar maravilloso de San Juan, todo el mundo se congrega semanalmente de *happy hour*, después de algún partido de béisbol, algún cumpleaños o lo que sea. Para el puertorriqueño los motivos para festejar son lo de menos, lo importante es disfrutar, compartir con amigos y sobre todo, con la familia. Y los foráneos que llegamos allí, ávidos de lo mismo, nos sumamos rápidamente a esa costumbre de celebración de la vida.

Había decidido cambiar mi actitud y dejar de pelear con el mundo, así es que comencé a salir con la gente de mi trabajo. Estaba allí por decisión propia y debía aprender a enfrentar ese país, a conocerlo y a disfrutarlo.

Recuerdo que esa noche en que nos reunimos en Santurce, había una luna espectacular que alumbraba esas calles empedradas llenas de vida. Miré la luna y le pedí ayuda para acostumbrarme y ambientarme, porque no había vuelta atrás. No soy de las que se arrepiente y comienza el retroceso. No regreso vencida. Por naturaleza soy una mujer que sigo hacia adelante siempre, cueste lo que cueste y así muera en el intento.

Bajo esa luminosidad celestial, pedí guía y paz para continuar esa nueva etapa; para entender las diferencias culturales, la idiosincracia, el ritmo que tienen, los derechos, las formas para realizarlo todo y llegar a amarlas.

A poco andar de la velada, me presentaron a un joven muy simpático, de contextura bastante gruesa, con unos hermosos ojos azules. Junto a mí también estaba una venezolana y este galán boricua parecía encantado con ambas.

Durante toda la noche conversamos y la verdad es que comencé a divertirme. Al día siguiente volvimos a encontrarnos, pues mis compañeros habían organizado un paseo a Lares, un pueblo espectacular, muy típico, ubicado en una zona montañosa. Y José, aquel joven de ojazos azules estaba invitado.

—Definitivamente la oscuridad engaña... —dijo al encontrarnos al día siguiente.

—¿Cómo así? —pregunté, sin entenderlo y pensando que lo que venía era una grosería del tamaño de un buque.

—Claro, es que ustedes anoche se veían bellas... Pero ahora se ven divinas —agregó.

Estaba tan prevenida, pensando que todo el mundo buscaba hacerme o provocarme situaciones desagradables, que permanecía en posición de ataque constante, a la espera de responder. Pero así, con ese tipo de humor, haciéndome reír a carcajadas con cosas sencillas, ayudándome a resolver pequeños inconvenientes, explicándome el significado de sus costumbres y mostrándome aquellas que no conocía, comenzó nuestra amistad con José.

Nos fuimos a Lares en su automóvil y nos reímos mucho durante todo el camino. Ponía música y toda la que escogía me gustaba. Las conversaciones además fluían de manera natural.

—¿Has probado el helado de cebolla? —me preguntó al llegar al pueblo.

—¿De cebolla? ¡Jamás! ¿Cómo es eso? —le respondí.

—Sí, en Lares hay helado de cebolla, vamos para que lo pruebes —agregó.

Me comentó muchos detalles sobre la cultura local. Me reí por horas con sus historias y el día se me pasó rapidísimo. Me hizo sentir tan bien, tan acogida... Pero algo que realmente me impactó de él, además de su buen sentido del humor, fue su sinceridad y sensibilidad con sus hijas. Se acababa de divorciar de su segunda esposa con quien tenía una hija pequeña, y otras dos mayores de su primer matrimonio. Comenzó a hablar de las niñas y sus ojos se llenaron de lágrimas. Me pareció valiente de su parte abrir su corazón de esa manera, frente a tantos extraños y eso me daba a entender que era una persona noble, de buenos sentimientos. Y efectivamente los tenía.

85

EL MILAGRO SE CUMPLIÓ

José empezó a llamarme diariamente, me llevaba a comer sopas y comidas típicas de Puerto Rico, nos sentábamos a conversar y sin darnos cuenta, iniciamos una relación que duró once años. Ése sin lugar a dudas, fue el ángel de la guarda que mi mamá pidió. Un ser hermoso. Maravilloso.

Su hija mayor en ese momento tenía 16 años, la otra 8 y la más chiquita tenía dos. Ellas y la familia completa de José me acogieron e integraron como parte suya desde el primer momento. Amé ese ambiente cálido que me compartieron tan generosamente. Además, él fue mi guía de turismo y vida cotidiana, mi maestro y quien me mostró el Puerto Rico de verdad. Y empecé a amar a los puertorriqueños, porque los estaba conociendo en su esencia.

Antes, estaba enojada y en contra del mundo entero, pero con él conocí el otro lado. Fue ese angelito que me hacía tanta falta.

José también me enseñó cómo funcionaban los recursos humanos en la isla y pude aplicarlo en mi trabajo. Cuando le empecé a contar todo lo que estaba pasando conmigo en la empresa, solía advertirme que me cuidara, pues se daba cuenta que las intenciones no eran las mejores.

Como contraparte a sus enseñanzas, había puesto toda mi capacidad organizadora como experta en finanzas para ayudarlo a levantarse de un difícil proceso que lo había llevado a la bancarrota, con la manutención de sus hijas en medio y todos los gastos imaginables que un hombre podía tener.

Para la Navidad del 2003 llevábamos juntos siete meses y me propuso que nos casáramos. Lo hizo delante de toda su familia, sus amigos y por supuesto, de sus hijas. Ellas fueron cómplices del momento, con toda la ilusión de ser partícipes de una boda para su papi, con alguien a quien querían. La verdad, en ese instante de mi vida no quería volver a casarme, pero me pareció que era una buena idea mudarnos juntos para organizarnos mejor económicamente.

Me sentía muy bien con él, pero sabía que el noviazgo es una cosa y otra muy distinta es casarse y convivir día a día. Había experimentado además, la vida en solitario durante cuatro años, aprendiendo a disfrutar de mi tiempo, mis decisiones y sobre todo, de mi espacio. Volver a estar nuevamente bajo un mismo techo con alguien, para ser honesta, me complicaba un poco. Por eso, le propuse que viviéramos juntos, pero manteniendo ciertos límites, como contar cada uno con su habitación, por ejemplo. Un punto bastante difícil de llevar a cabo, y obviamente terminamos compartiendo una cama, del tamaño más grande que encontramos.

Finalmente, en enero del 2004 comenzamos a ensayar cómo nos iba. No podíamos olvidar que él cargaba con dos matrimonios a cuestas y para mí era el segundo. También debíamos probar esta suerte de "maternidad subrogada de fines de semana" que, aunque ya la estaba ejerciendo, hasta entonces no había ocurrido bajo "mi territorio". Todo era una nueva experiencia para mí.

Como te comenté al principio de este libro, en mayo de ese año, al cumplir mi primer aniversario en Puerto Rico, en vísperas de partir a unas merecidas vacaciones, me sacaron de la compañía para la que trabajaba. Fue justo el momento en que acabábamos de decidir mudarnos juntos, rentando una casa más grande para estar con las hijas de José y de hacer una serie de cambios para los nuevos pasos que estábamos dando. Y aunque perder el empleo fue aterrador y nos desestabilizó por instantes, también fue la prueba de que contaba con una nueva familia.

José estaba en la quiebra, con la pensión de tres hijas y un crédito hecho trizas. Todo estaba a mi nombre para poder establecer mi historial crediticio en la isla. Sin embargo, las circunstancias habían cambiado, no tenía trabajo y eso implicaba, además, perder mi visa.

—Y ahora ¿qué hacemos? —le pregunté un día, en medio de la crisis.

—Pues ahora sí nos casamos —me respondió feliz.

Así, a finales del mismo mes de junio del 2004, en una ceremonia civil, pero llena de sentimiento y significado, nos casamos. De inmediato sometimos los papeles para mi residencia, entregamos la casa que habíamos alquilado porque en ese momento no podíamos enfrentar una mensualidad tan alta y poco a poco, juntos, fuimos resolviendo uno a uno los obstáculos. Estábamos unidos en ese proceso y lo sentí desde el principio.

Uno de los cuñados de José, quien es abogado, se encargó de orientarme para que no firmara ningún documento hasta estar de regreso de mis vacaciones y ver con calma los detalles de mi despido. Gracias a eso, pude demandar y obtener algo que compensó en parte todo el amarguísimo trago. Mientras todo eso sucedía, la familia de mi esposo nos apoyó con algunos gastos, con las niñas y en todo lo que podían.

Durante varios meses tuvimos que pasar las vicisitudes de una pareja que recién comienza, sin dinero, con los ahorros que se esfumaban y mucho por resolver. En ocasiones, tuvimos apenas una galleta para compartir como almuerzo, pero siempre lo hicimos con gusto, con optimismo y apoyado el uno en el otro. La Navidad del 2004 fue una de las más complejas en la parte económica, pero cargada de amor y enfocada en priorizar la felicidad de las niñas de José. ¿Y acaso no es ése el espíritu de esta fiesta? Creo que pocas veces lo he vivido de manera más real, sencilla y feliz.

Luego, montamos nuestra propia compañía de negocios internacionales, representando empresas de servicios y productos colombianos en Puerto Rico. A esas alturas lo único que me quedaba eran dos mil dólares que invertimos en nuestro primer viaje a una rueda de negocios en Miami, para presentar nuestros servicios y conocer los productos que había para ofrecer. Meses más tarde, afortunadamente tuvimos la oportunidad de lograr un buen arreglo en la demanda contra el banco y continuar progresando. Así nació mi primera empresa.

Mi esposo seguía en su trabajo y yo, a cargo del nuevo negocio. Y ambos empezamos a crecer. Él, porque empezó a confiar en sí mismo y yo, porque ponía en práctica en cada aspecto de nuestra vida todo lo que aprendía leyendo, buscando e intentando crecer espiritualmente, lo cual llenaba todas mis necesidades.

Le pedí al universo una mejor posición para mi esposo, que lo ayudara a reafirmar esa confianza en sus capacidades. Y al poco tiempo, después de tanta turbulencia, de angustia y desasosiego, le ofrecieron un puesto en otra compañía multinacional, que duplicaba su salario, sus beneficios y sobre todo, la seguridad en sí.

—Adelante. —Le dije, cuando me preguntó si me parecía una buena decisión dejar lo que tenía seguro por tantos años y apostar por esa nueva puerta que se abría, pero que le generaba incertidumbre.

José se cambió de trabajo y empezó a despegar. Logró sentir la confianza en sí mismo que tanto necesitaba y el cambio fue impresionante. Y con esto empezamos también a organizarnos económicamente.

Durante los siguientes dos años seguimos creciendo y aprovechando el tiempo con las niñas que, de igual forma, avanzaban en edad. Por mi historial de abuso, me volví muy cercana a ellas y quería que sintieran la confianza suficiente para compartir alguna experiencia desagradable o algo que les incomodara de parte de alguien... Jamás fui una interferencia entre ellas y su padre. También había experimentado la horrible sensación de competir con la nueva pareja de papá por su amor y su atención. Sabía de primera mano lo terrible que se siente y me esmeré mucho en eliminar toda posibilidad de crear algo similar con ellas. Por el contrario, les brindé todo el amor y cuidado que pude y que correspondía, sin usurpar el lugar de sus madres.

Pero mi naturaleza no es maternal. Lo supe siempre. No en vano no había querido armar mi propia familia. Por eso, llegó un momento en que ansiaba mi espacio para retomar mi vida en pareja. Mi casa se había vuelto el lugar favorito para las niñas. Como se sentían tan bien, querían pasar la mayor cantidad de tiempo con nosotros. Entonces empecé a pedirle al universo que me enviara a otro destino: Estados Unidos.

VIENTOS DE CAMBIO, NUEVOS DESAFÍOS

En junio del 2006, mientras disfrutábamos del viaje de graduación de la hija mayor de José, en República Dominicana, él recibió la llamada que tanto había esperado. Le ofrecían una posición en la casa matriz de su compañía en Lexington, Kentucky.

—Nos vamos. —Le dije de inmediato.

Tres meses más tarde nos mudamos. En sólo quince días logramos vender nuestra casa y muebles de Puerto Rico, obteniendo una buenísima ganancia. Además, encontré a la persona perfecta para hacerse cargo de mi negocio de productos colombianos y partimos a esa nueva etapa, al más puro estilo estadounidense.

Vivir en Lexington fue lo mejor que me ha pasado. Para entonces Betsy ya era parte de mi vida y mi gran compañía durante los constantes viajes de negocios de mi esposo. Juntas disfrutábamos de largas caminatas, especialmente durante el otoño y la primavera, con todos los cambios de colores, de aromas y de sensaciones que producen... Gozábamos de la gente tan distinta y tan similar al mismo tiempo... De la quietud de un lugar que parecía funcionar a otro ritmo... De la seguridad y confianza de sus habitantes, que se conocían, se respetaban y se cuidaban unos a otros.

A pesar de mi escueto inglés en aquel momento, nunca sentí discriminación ni soledad. Amaba esa tranquilidad que no había experimentado jamás; ese nivel de civilidad que parecía de película, donde no ocurrían robos, asesinatos, nadie tocaba bocinas, ni se apropiaba de lo ajeno. Me parecía anecdótico que las noticias por la muerte de algún famoso caballo de carrera duraran días en la primera plana de los periódicos, como el máximo evento local. Por dos años aprendí y disfruté cada instante de la auténtica vida americana, la cual valoro profundamente.

Durante las vacaciones, las hijas de mi esposo llegaban y se apoderaban de la casa. Era entretenido pues se trataba de un periodo que finalmente todos disfrutábamos. Eso, hasta el momento en que su hija mayor decidió mudarse de manera definitiva con nosotros.

Nuevamente cambió mi vida de pareja y mi espacio. Acostumbrada a trabajar desde casa, la presencia permanente de una adolescente con episodios de rebeldía, depresión y otros desajustes emocionales no hizo las cosas muy fáciles.

El propósito de mi esposo al llevarla a vivir allí era ayudarla a centrar su vida, a enfocarla y a que se concentrara en sus estudios. El de ella era distinto: quería salir, conocer gente, disfrutar de la fiesta y de su juventud. Nada fuera de lo normal para su edad y que yo desconociera, sólo que mi papel no era el de vigilarla. Y como José viajaba tanto, mi labor había llegado a ser precisamente ésa, la de su "celadora".

Fui su amiga y quien conoció sobre su primer novio, su primera experiencia sexual y todo lo que se le puede contar a la persona en la que más confías a esa edad, pero definitivamente no era mi hija. Sus altibajos emocionales empezaron a afectar mi relación de pareja con su padre.

Paralelamente, mi esposo comenzó a tener algunos inconvenientes en su trabajo con un nuevo jefe hispano, así es que volví a mis plegarias al universo y pedí por un cambio... **"Desde el Señor de mi Ser, hasta la Gloria de Dios hasta este día, comprende mi necesidad personal y haz que sea realidad. Dame el valor para aceptarla por la vida y siempre. Que Así Sea, Así Es y Así Será. Gracias Padre que me has escuchado"**... Fielmente, cada día.

Algún tiempo después, José recibió la llamada que le proponía un traslado a Toronto, Canadá. Su hija no podía mudarse con nosotros, por lo cual debía quedarse estudiando, así es que le organizamos un apartamento y todo lo necesario para que viviera tranquila en Kentucky. Y el 2008 nos fuimos al país vecino.

Canadá es maravilloso y a mí me resultó otra experiencia increíble de crecimiento. Pero el clima no fue el adecuado para José. Además, parte importante de la posición que le ofrecieron era generar una profunda reestructuración de su compañía, la cual incluyó la eliminación de su puesto. Así, un año más tarde estábamos escogiendo nuestro nuevo destino: México DF, Sao Paulo o Miami.

CADA CIUDAD TIENE SU ESPÍRITU

La decisión final para nuestro nuevo asentamiento fue Miami. Habíamos experimentado toda la seguridad y estilo de vida de lugares como el estado de Kentucky y la ciudad de Toronto y aunque, honestamente, en ese momento hubiésemos preferido una alternativa similar, el universo nos trajo a la Ciudad del Sol, donde el clima genera un sinfín de diferencias en la cotidianidad.

Cuando nos mudamos, habían pasado siete años desde que José se había declarado en quiebra, por lo tanto, ya su crédito comenzaba el proceso de recuperación. Además, su salario era cuatro veces mejor que cuando vivíamos en Puerto Rico. Teníamos también una buena reserva de dinero gracias a las ganancias de la venta de nuestra casa en Kentucky, todo lo cual ayudaba a que nuestro nivel de vida fuera muchísimo mejor.

93

Llegamos a Miami en plena crisis económica, el 2009, y las oportunidades para encontrar una casa no eran sencillas, pues, a pesar de la abundante oferta, nadie quería perder dinero en la venta. Finalmente encontramos una casa adecuada a lo que queríamos, con espacio suficiente para nosotros, Betsy y las niñas cuando vinieran de vacaciones.

José viajaba de lunes a viernes y nos veíamos los fines de semana, pero estaba cansado de ese ritmo y empezó a darle vueltas a la idea de crear un negocio. De esa manera comenzamos a evaluar la forma de desarrollar o comprar alguna franquicia y después de algunos meses de análisis, se decidió por una dedicada al cuidado de personas mayores.

Nuestra idea era optar por un negocio de poca inversión para no hacer uso de nuestros ahorros, pero fue precisamente lo que terminamos haciendo.

A esas alturas del partido, mi esposo, viviendo en Miami, con crédito disponible, tarjetas a su nombre, una casa impresionante, un vehículo de lujo y del año, entre muchos otros beneficios, poco a poco se distanciaba del hombre que había conocido una década atrás, en Puerto Rico. Comenzó a experimentar con un estilo de vida de fiestas, happy hour y vida nocturna. Una vida "hacia lo externo" en todo sentido, para impresionar, para mostrar... Hasta entonces, estábamos acostumbrados a ver que, incluso, los máximos gerentes de las compañías en las que trabajó en el norte del país y en Canadá vivieran de manera sencilla, sin grandes lujos. Pero acá era distinto.

Mi querido José se dejó envolver por el ego y se fue enredando en gastos superfluos, deudas y más deudas. Entró de cabeza en ese mundo que fácilmente se torna obsesivo cuando no somos conscientes de que está para nuestro uso y no nosotros para el suyo. A tal punto, que cada vez que buscábamos una casa para comprar, quien se fijaba en el tamaño del closet principal era él, pues era quien realmente lo necesitaba.

Hasta ese instante mi esposo era un hombre al que tenía en un pedestal. Lo admiraba profundamente. Había crecido tanto profesional y económicamente que respetaba sus opiniones y su manera de enfrentar distintas decisiones que tenían que ver con nuestro presente y nuestro futuro. A fin de cuentas, trabajaba con empresas multinacionales y en cargos importantísimos, manejando sus presupuestos. Por eso, después de conocer las opciones de negocios, cuando realizó las proyecciones financieras de la que escogió tomar, para mí su resolución era palabra sagrada. ¿Cómo no le iba a creer?

Finalmente montamos nuestra oficina al sur de Miami y empezamos nuestra empresa. Mi esposo renunció a su cargo de ejecutivo en la multinacional con el que generaba un ingreso fijo mensual y quedó como presidente de nuestra empresa, así como de tomar las acciones y decisiones para salir adelante y yo, quedé encargada de la parte administrativa. Pero, cuando empecé a trabajar con él, me di cuenta que hay personas que pueden ser excelentes empleados, lo cual no significa que su desempeño como empresario sea igual de exitoso.

Especialmente cuando se comienza un negocio propio, es importante lograr primero el nivel de estabilidad financiero y económico adecuado antes de comenzar a gastar en aspectos superfluos. Lamentablemente José no tenía consciencia de eso y comenzó un derroche de dinero en un momento en que debíamos cubrir la inversión, pagar nómina y otros gastos normales de un proyecto que recién comenzaba. De esa forma, nuestra cuenta de ahorros iba disminuyendo mes a mes y los ingresos se tardaban en llegar más de lo pronosticado. El resultado: a poco andar no había dinero.

Conseguimos un par de socios, ex compañeros de José, pero las cosas, lejos de mejorar, empeoraron. Además, nos veíamos 24 horas al día, siete días a la semana y empezamos a tener los problemas que antes veíamos a distancia, en otras parejas... Y comenzamos a distanciarnos.

Mientras yo vivía de mal humor, estresada por las cuentas que no daban, intentando buscar por dónde salir adelante, mi esposo se adaptada a la vida de Miami, de sol, de fiestas, de relaciones públicas. Y aspectos físicos, como su exceso de peso, que durante más de 40 años jamás le había importado, comenzó a ser relevante.

De esa forma, un día, en medio de todo el estrés por el negocio que no lograba salir a flote, José decidió ocupar más de diez mil dólares en una cirugía bariátrica. Acto seguido, otros tantos miles y miles de dólares para cambiar todo el guardarropa de marca, pues, con 50 libras menos no había forma de usar algo anterior.

Nuestros ahorros finalmente no dieron abasto y llegó un punto en que no había otra opción que vender la casa y buscar un sitio más económico. Por malas decisiones y acciones estábamos nuevamente como al principio de nuestra historia.

Nos mudamos a una casa de dos habitaciones, con un nuevo agravante: su hija mayor estaba de regreso, porque tras un intento de suicidio y de idas y venidas, la única manera en que se sentía segura era cerca de su padre. Definitivamente hay vínculos que no se rompen. La codependencia no tiene que ver sólo con parejas. Podemos serlo de nuestros hijos, de nuestros padres, de algún amigo, etc. Y la única manera de superarla es aceptándola y tratándola a consciencia. Éste no era el caso y no me correspondía a mí insistir en que lo hicieran.

A diferencia de los once años anteriores, en que su hija fue parte de nuestra relación y se acercó a mí como una amiga mayor en quien depositar su confianza, esta vez no era lo que buscaba. Puede ser por la inestabilidad emocional que tenía, los excesos de cuidado que se le habían dado que no funcionaron o simplemente que no era el momento. Lo cierto es que tomó mi posición en la vida de José, como prioridad y a nivel del negocio que ambos habíamos iniciado.

Un día cualquiera, mientras compartíamos el baño con mi esposo, como cualquier pareja con años de convivencia, me dio la noticia de que yo ya no era parte de la compañía.

—Entonces, dime qué quieres que haga hoy en la oficina —le pregunté, mientras terminaba de maquillarme.

—Nada. Tú no vas a la oficina —respondió.

—¿Por qué? ¿Me necesitas en otro lugar? —agregué un poco sorprendida.

—Porque no queremos que vuelvas —sentenció, sin mediar otra palabra.

Así me despidió de nuestra empresa, sin protocolo, sin consideración ni el mínimo de decencia o tacto.

¿Era el mismo simpático hombre que había conocido en la Placita de Santurce años atrás? ¿El mismo que me había mostrado el lado más amable, bello y acogedor de Puerto Rico? ¿El mismo con el que habíamos crecido y avanzado juntos, como pareja y como seres humanos? ¿Cómo había cambiado tanto? Juntos habíamos puesto en práctica muchas lecciones de metafísica y crecimiento personal que leía en mi constante búsqueda de conocimiento. De hecho, ambos sabíamos que gracias a esos pequeños y grandes cambios habíamos logrado avanzar y prosperar. ¿Qué había sucedido entonces? Pues lo entendí tiempo después... Y es que el crecimiento es una tarea constante, permanente, que no da tregua. No se trata de "terminar el curso espiritual y graduarse". Nos graduamos sólo el día en que partimos de este plano terrenal. Pero mientras respiramos estamos en una evolución y práctica constante. Y son esas mismas acciones las que pueden llevarnos a la gloria o hacernos caer en el infierno nuevamente si le damos paso al retroceso o al estancamiento. Y en este caso, ahí estaba el resultado.

Cada acción que realizaba José en ese momento era un golpe tras otro, que iba terminando de desmoronar lo que quedaba de nuestra relación. Ya no respetaba ninguno de nuestros acuerdos, ni mi patrimonio. Retomé mi negocio de venta de productos colombianos en Puerto Rico, que había postergado por el proyecto de ambos y enfoqué nuevamente mi energía. Aunque todavía guardaba la esperanza de encontrar por ahí, en algún rincón, siquiera la sombra de la persona con la que me había casado. Sin embargo, veía que minuto a minuto se hundía en ese mundo de apariencia y ego.

En medio de ese tornado de emociones que me generó ese momento de mi vida, decidí crear. Me senté frente al mar, el 13 de mayo del 2013, a las 11 de la mañana y escribí en mis notas, una lista de deseos:

-Bajar 30 libras
-Un convertible blanco
-Visitar Yosemite Park
-Un negocio próspero que me permitiera tener independencia financiera
-Mejorar mi inglés

-Un apartamento con vista al mar, en un lugar seguro

Y se lo pedí al universo... **"Todo, de manera perfecta, bajo la Gracia Divina y en Armonía con todo el Universo. Así Es, Así Es y Así Será. Gracias Padre, que me has escuchado".**

SUEÑOS Y ALERTAS DEL ALMA

Si hay algo a lo que le debo ciertas advertencias que debí haber tomado más en serio en su momento es a los sueños, especialmente, aquellos que me alarmaron, rompiendo mi descanso apacible de manera súbita e inexplicable. Así sucedió la madrugada del 27 de marzo del 2012, en que desperté a las 5 y 55 de la mañana, sobresaltada y angustiada.

99

En uno de mis sueños, vi la silueta de un hombre que conocía muy bien, caminando hacia mí en un pasillo de avión, acercándose a saludarme con un beso. Cuando estaba a centímetros, el pavor me despertó, con el corazón latiendo a mil por minuto. El hombre era Alberto, el piloto.

Aquella madrugada no logré retomar la calma y mi mente quedó dando vueltas y vueltas. En 25 años jamás había pensado en él, ni recordado los buenos o malos momentos juntos. Tampoco intenté preguntar por él o tratar de buscarlo. Pero a partir de ese día quedé intranquila y cada cierto tiempo su imagen rondaba mi cabeza.

Durante uno de los viajes fuera del país de José, mi esposo en ese entonces, entraron a robar a nuestra casa. Estaba sola y fue un hecho que me generó mucho nerviosismo e intranquilidad, al punto que me habían recetado un medicamento para conciliar el sueño, que se había alterado por completo.

No soy una fanática de las medicinas y suelo reaccionar bastante mal con éstas. Y ésa no era la excepción. Cada vez que me la tomaba debía estar lista para dormir, pues de otra manera realizaba actividades fuera de control, como sonámbula. Por ejemplo, en un viaje a Colombia había probado un trago que combinaba vodka, café y azúcar. Me había gustado mucho y en una ocasión, estando de regreso en mi casa, tomé el medicamento y según mis recuerdos, me fui a dormir. Sin embargo, al día siguiente, encontré los mismos ingredientes del trago que había probado esparcidos por mi cocina, lo cual indica que por allí pasé, de madrugada, a prepararme uno, aunque no lo recordaba.

Pues una noche de viernes, sola, aburrida y a medio dormir, me senté frente a la computadora y puse el nombre de algunos familiares de Alberto, para saber qué había pasado con sus vidas. Una idea loca que hasta ese momento jamás había pasado por mi cabeza. Vi que la esposa de su hermano, a quien conocía desde que yo tenía 17 años, vivía en Miramar, una ciudad distante a unas cuantas millas de Miami. Comencé a revisar sus fotos en internet y las de sus hijos, a quienes había visto siendo unos pequeñitos que apenas caminaban y ya eran adultos. "Impresionante... Pensar que jugué con esos niños en la finca", pensé.

Y la curiosidad empezó a carcomerme... Busqué información de Alberto, pero no era mucha. Exponerse en internet no era lo suyo. Pero aparecía su esposa, una ex reina de belleza colombiana. Vi algunas fotos y me sacudieron un sinfín de recuerdos, de momentos familiares de antaño. Y es que finalmente toda historia, por turbulenta que sea, tiene su lado amable, el cual solemos olvidar.

Finalmente, entre todos los nombres relacionados a sus familiares, estaba el suyo. Y le escribí un escueto mensaje, intentando ser coherente en medio del medicamento que me empujaba a dormir.

—Es increíble que conocí a tus sobrinos hace 25 años y mira lo grandes que están. El hombre y la mujer que son —le envié.

De inmediato obtuve su respuesta y comenzamos a "chatear". Un par de mensajes más y ya estábamos al teléfono.

Tras 25 años volvimos a hablar como si hubiéramos dejado de hacerlo el día anterior... No recuerdo ni lo que dije, tratando de estar consciente, de no parecer drogada y apaciguar esa inmensa alegría del reencuentro que finalmente era mutua.

—¿Dónde estás? —me preguntó.

—En Miami —respondí.

Como si el universo hubiese planificado todo desde siempre, él justo estaba por esos días en la ciudad y a unas cuantas cuadras de mi apartamento. Al día siguiente, debía recoger a mi esposo en el aeropuerto que llegaba de viaje, así es que acordamos encontrarnos en un punto cercano y ponernos al día con nuestras vidas.

Encontrar un verdadero "fantasma", después de dos décadas y media no es tan sencillo. Sobre todo cuando se trata de alguien que nos marcó tanto. Era el hombre que más había amado, pero hacerlo prácticamente me llevó a la muerte. En todos esos años había aprendido a amarme más a mí misma y era la oportunidad para poner a prueba mi fortaleza y crecimiento.

Mi mayor preocupación en ese momento era lo mucho que había subido de peso en esos 25 años. La típica estupidez que nos ocupa la mente durante meses cuando sabemos que tenemos una reunión con excompañeras de escuela o de universidad. ¡Queremos vernos como si hubiésemos egresado ayer! O ser las mejor conservadas de la generación. Cuando en realidad lo importante es el afecto que permanece entre las personas y que genera esas ganas de volver a verse. Y en este caso, contrario a lo que pude haber pensado alguna vez, había mucho afecto, y uno genuino, distinto a esa atracción casi animal que hubo la primera vez, más de 25 años atrás.

Apenas alcanzamos a hablar 15 minutos, cuando mi esposo me llamó para avisarme que su avión había aterrizado. De todas formas fue un encuentro especial, que, sin imaginarlo, apaciguó en parte la interrogante que quizás siempre estuvo ahí, guardada. Por mi mente pasaban mil pensamientos y recuerdos. En especial, evoqué un momento, ocurrido el año 2000, después de almorzar con Gilma, mi mejor amiga y guía personal. Mientras realizábamos nuestra acostumbrada caminata de veinte minutos por la *Avenida del Poblado*, en Medellín, me preguntó: —¿Qué vas a hacer cuando te vuelvas a encontrar con Alberto? Porque te lo vas a encontrar—. Una pregunta hecha doce años antes de que nuestros destinos se volvieran a cruzar. Y aunque me la repitió muchas veces, mi respuesta siempre fue la misma: —Eso no va a pasar—. No tenía sentido volver a verlo. Pero mi amiga, confidente y vidente, sabía lo que la vida me deparaba.

Desde ese primer encuentro Alberto y yo mantuvimos contacto como amigos a través de mensajes o tomándonos un café cuando estaba de paso en Miami. Por aquella época mi matrimonio iba en picada y el suyo también.

Nos encontrábamos en alguna cafetería y hablábamos de los vaivenes de su relación de pareja, de sus hijos, de su trabajo... De todo. Sin embargo, nunca retomamos una relación que no fuera de amistad. En una ocasión intentó acercarse para besarme pero no lo acepté. —Tienes muchas amantes, pero no una amiga. Déjame ser tu amiga —le propuse.

Por primera, vez en toda nuestra historia juntos, habíamos logrado conectarnos como amigos, hablar de temas que antes no tuvimos la capacidad de tocar. Estábamos aprendiendo a conocernos desde otro ángulo, a confiar el uno en el otro y me parecía un imperdonable error romper con ese proceso que era casi mágico.

Me había confesado sus infidelidades, las de antaño y las de aquel momento. Sin proponérmelo me había convertido en su confidente, en su "compinche", con quien podía desahogarse y ser él mismo. Una mujer con la cual, a diferencia de las demás, podía abrir su corazón. No necesitaba ser el galán ni el seductor de ego inmenso, sino el hombre, el ser humano, con temores, inseguridades y debilidades.

En marzo del 2013 finalmente su matrimonio no dio para más y se divorció. Por mi parte, continuaba intentándolo, a rastras, pero no tenía intención alguna de separarme. A pesar de todo lo que había pasado en el ultimo tiempo, hasta entonces siempre me había proyectado envejecer junto a José. Lo veía como el compañero ideal y hasta ese momento, en que había comenzado a cambiar de prioridades y gustos, lo había sido.

103

LA VISIÓN DE PAPÁ

En vista de quedar fuera del negocio de mi esposo y de retomar el mío en Puerto Rico, comencé a viajar más a la isla y a Colombia, buscando nuevos proveedores y clientes. Paralelamente, la salud de mi padre comenzó a deteriorarse y debía acudir constantemente a Medellín para acompañarlo, muchas veces, en el hospital, a la espera de lo peor.

En una de aquellas ocasiones en que papá se puso muy mal, debí viajar de emergencia. Lo encontré hospitalizado y sedado. Como buen fumador que fue durante toda su vida, sus órganos a esas alturas ya no daban más, especialmente sus pulmones que no eran capaces de oxigenar todo su cuerpo. Sus extremidades fueron las primeras en experimentar las consecuencias y en ese momento había sufrido de amputaciones, lo cual era extremadamente doloroso y agobiante para un hombre que fue tan fuerte y altivo como él.

Papá se había enterado de mi reencuentro con Alberto y de cómo iban las cosas en mi matrimonio. Quizás él, a esas alturas más cercano a otra dimensión, en uno de sus escasos momentos de lucidez me preguntó con quién me visualizaba a futuro: con José o con Alberto. La pregunta me sorprendió, pues a pesar de los problemas que había tenido en el último tiempo en mi matrimonio, seguía pensando que las cosas en algún minuto volverían a estar como antes y José seguiría siendo mi compañero por el resto de mi vida.
—No. Te vas a quedar con Alberto —me dijo, con una seguridad tal, que me dejó perpleja.

Para mí, en ese instante su comentario no tenía sentido. Le respondí que eran dos seres completamente distintos. Alberto me marcó mucho la vida. Su personalidad tan fuerte, su forma de ser ser y su apoyo me catapultaron a ser lo que soy hoy en día. Y José, hasta ese momento, había sido el compañero con quien había construido un camino, empezando desde cero, paso a paso. Las cosas que habían sucedido en el último tiempo entre nosotros, como pareja y como socios, el hecho de que me hubiese sacado de la compañía que ayudé a formar, el que apoyara a sus socios en la idea de sacarme, los mismos a quienes les vendí mi parte, los cambios en la relación con su hija... En fin... Todo eso había cambiado las cosas, pero seguía aferrada a la idea de que era una etapa pasajera.

Por otro lado, si bien, descubrir a Alberto como amigo me hacía muy feliz, no sentía que había alguna opción de estar con él nuevamente. Más aún después de conocer con lujos y detalles su forma de llevar la vida en pareja, su naturaleza infiel, sus aventuras, sus amantes, sus historias. ¿Si no había podido con eso 25 años atrás, cuando tenía sólo sospechas de una que otra aventurilla, cómo podría aceptarlo a estas alturas con la verdad confesada de su propia boca?

Algo que terminó por demostrármelo fue un encuentro que ocurrió en una de aquellas idas y vueltas a Colombia. Visité una rueda de negocios en Bogotá en búsqueda de más productos para exportar y Alberto me ofreció su apartamento en la ciudad para que me quedara. Originalmente me hospedaría en casa de un familiar, pero no estaban en ese momento las condiciones y acabé aceptando su oferta.

Conversamos durante horas, como los buenos amigos que ya éramos y luego, nos fuimos a dormir en habitaciones separadas. Por la mañana, cuando me dejó las llaves y se fue a volar, algo despertó un sinfín de recuerdos y sentimientos que me hicieron explotar en llanto. De pronto, hice una retrospección de lo que hubiese sido mi vida junto a él de no haber tenido el valor de separarme a tiempo.

En casa, en tanto, las cosas lejos de mejorar iban de mal en peor. José y su hija se habían tornado sin lugar a dudas en un equipo, lo cual era fabuloso para ellos. Pero era un clan que estaba en permanente pugna conmigo. Esa relación "padre-hija" que durante tantos años había tratado de alimentar, de estimular y proteger para que se fortaleciera, ahora se tornaba en mi contra sin ninguna razón, convirtiéndome en extraña en mi propio hogar. Estaba empezando a sentir que las palabras de papá, si bien no tenían por qué incluir a Alberto, tenían sentido al decir que cada día José se alejaba más de mí y de un futuro juntos.

Pasamos las fiestas de fin de año y recibimos el convulsionado 2014 con mi esposo y su familia, como era nuestra costumbre. Y dos meses después, en febrero de ese año, mi papá comenzó a empeorar. Volví a Medellín para estar con él y para dejarle saber que ya era tiempo de abandonar ese cuerpo agotado, enfermo, deteriorado, que tanto sufrimiento le estaba causando.

Un ser querido en aquellas condiciones, gangrenándose y muriendo paulatinamente, es una situación que genera angustia para quien lo sufre y para quienes estamos alrededor. Por todo esto, comencé a realizar el proceso de duelo de mi padre antes de su partida, para ayudarlo a despegar de este plano físico.
En marzo de ese año papá empeoró y el 11 de abril recibí la llamada de que había fallecido. Después de tanto sufrimiento, al fin su espíritu se elevaba y dejaba ese cascarón deteriorado. Y aunque me había preparado durante meses para aquel momento, siempre la partida se hace difícil.

Regresé de inmediato a Medellín para cremarlo y despedirme de él, hasta volver a encontrarlo en algún lugar mejor.

FLORES CON AROMA A CULPA

Como podía, en medio de ese proceso de luto y de problemas en casa, retomaba mis actividades de negocios, pues mi solvencia económica nuevamente dependía exclusivamente de mí. Desde hacía algún tiempo también tenía algunas molestias de salud como reflujo, que se me complicaba con las libras extra que había acumulado durante la última década de poco cuidado en ese aspecto. Así es que, aprovechando esos días que estaba en Medellín tras la muerte de mi padre, decidí realizarme una cirugía gástrica. El procedimiento se complicó tras descubrirme una esofaguitis grave y pasé unos quince días en recuperación.

Curiosamente, la madrugada del 26 de abril del 2014 desperté con un sobresalto, sintiendo que algo había pasado, tal como me había ocurrido en otras ocasiones y que no habían sido sino un presagio, un llamado de atención de que efectivamente "algo" estaba por suceder en mi entorno. Tiempo después me enteré que aquella noche, mientras estaba hospitalizada en Colombia, mi esposo en Miami se divertía en los clubes y discotecas de moda, acompañado de otra mujer. La confirmación sin embargo, la tuve al día siguiente de mi inquietud nocturna, cuando a mi habitación llegó un inmenso ramo de flores que decía: "mi amor, espero que te recuperes", que más que a rosas, olían a culpa.

Las señales estaban por todos lados y a cada instante, pero intentaba mirar al costado y no darme por enterada. Un mes antes de mi viaje, por ejemplo, José salió, supuestamente, a una de sus celebraciones con amigos, mientras yo me fui a dormir. De pronto, a las tres de la madrugada me desperté muy angustiada. Me di cuenta que él no había llegado. Lo llamé y no respondió. Le escribí y tampoco contestó. Me preocupé, porque, si algo habíamos tenido durante todos esos años juntos era un contacto permanente, que incluso sus hijas resaltaban y que en ocasiones llegaba a ser compulsivo. Durante un día me podía llamar cinco o seis veces y aunque estuviéramos en países distintos o de fiesta con amigos, jamás dejaba de responder una llamada. Siempre estábamos en conocimiento de lo que estaba haciendo el otro. Era algo que caracterizaba nuestra relación, que hasta ese momento me parecía extremadamente honesta. Por lo tanto, algo anormal debía estar sucediendo. Y así era.

—Déjame saber si estás bien —le escribí.

—Te llamo más tarde. Estoy comiendo un sancocho —respondió a las tres de la madrugada.

El "sancocho" es un caldo suculento y delicioso, muy popular en muchos países, pero si eres colombiana, sabrás que en el nuestro, a nivel coloquial "comerse un sancocho" tiene una doble connotación y suele usarse para referirse a estar en alguna aventura, con una persona que cumple las características del "sancocho". Y es que en realidad, comer una sopa así, a las tres de la madrugada no tenía mucho sentido. Menos todavía el hecho de que por estar disfrutándola no pudiera responderme el teléfono.

En ese momento sentí que algo estaba pasando. Las mujeres y en verdad, todos, presentimos. Somos capaces de percatarnos de esa sensación que nos alerta sobre los cambios, sobre ciertas situaciones que están pasando a nuestro alrededor y que no queremos aceptar, porque sabemos que nos causarán dolor. Si tenemos esa intuición que nos alerta y queremos escarbar e indagar que hay de cierto, por supuesto que vamos a encontrar. De eso no hay duda.

Frente a ese dilema tenemos distintas opciones que nos van a marcar la vida de ahí en adelante: enterarnos de lo que está pasando, amargarnos la existencia y amargársela a la otra persona, decidirnos por una separación o divorcio, o bien, sanar, perdonar y seguir. Tan legítimo es nuestro derecho a ponerle punto final a la situación, como optar por el perdón y continuar hacia adelante. Es una decisión completamente personal, de la cual somos y debemos hacernos cargo. Lo único que no tiene sentido es buscar la verdad para atormentarnos y atormentar al otro. ¿Para qué? Siento que antes de vivir "maluco", es mejor ¡ni enterarse!

En ese momento mi decisión fue precisamente la última. No quise ahondar y preferí desentenderme del asunto. El "sancocho", a fin de cuentas, ya se lo había comido... Pero dentro mío sabía que algo había cambiado en nuestra relación. Ésa era la señal. Durante once años las discusiones no fueron parte de nuestra rutina y en ese momento habíamos comenzado a tenerlas prácticamente a diario. Incluso, en una ocasión, en medio del acaloramiento, hablamos de separarnos. Si lo hubiésemos decidido en aquel instante, no habría tenido objeción. Nadie merece vivir mal. No estamos aquí para eso. Pero solía ocurrir que al día siguiente las aguas se calmaban y retomábamos la vida como era nuestra costumbre. Y todo seguía igual.

NADA ES PARA SIEMPRE

Ya recuperada de las cirugías, regresé a Miami. Y el primero de mayo del 2014 mi esposo me propuso que nos fuéramos a descansar por unos días a una propiedad que teníamos en Isla Morada, al sur de Florida. La idea sonaba maravillosa para terminar de retomar fuerzas y en medio de ese paisaje paradisíaco, a solas, quizás tener la oportunidad de arreglar las diferencias que habíamos tenido durante el último tiempo. Lo que no me esperaba era la verdadera razón que había detrás de aquel viaje.

A la mañana siguiente, apenas nos levantamos, casi como un "bono" o agregado del desayuno, me pidió el divorcio. Así, sin mediar más comentario.

¡Guau! Si bien es cierto que las cosas iban mal, esa petición fue un balde de agua fría. Hacía tan sólo unos días que acababa de enterrar a mi padre, todavía estaba en pleno duelo y recuperándome de dos cirugías... No tuvo el tacto, la sensibilidad y el cariño, o incluso, la consideración que cualquier persona puede esperar después de tantos años de matrimonio, de complicidad y de compañerismo. Ni siquiera pensando en amor, sino basándose en los códigos básicos que se pueden tener por una amistad entrañable.

Todo ese conjunto de emociones y la falta de consideración me sacudió demasiado. No por el divorcio en sí, sino por el momento tan sensible que estaba pasando.

¡Cuánto cambiamos a lo largo del tiempo! No era la misma persona con la que empecé una relación. Definitivamente no lo era.

Una vez procesado el trago amargo, acepté el divorcio sin objeciones. Él estaba feliz. Tenía una inmensa sonrisa y parecía que no cabía dentro de su cuerpo de la dicha, pues se abría a las nuevas oportunidades que seguramente venía explorando desde hacía mucho tiempo. Sus ilusiones ya no estaban conmigo... Ya no era parte de esos sueños y debía enfocarme hacia otra dirección.

Jamás me molesté o deseé que las cosas no le funcionaran a José. Al contrario, le agradezco por todo lo que me aportó, lo que me ayudó, que me enseñó, me acompañó y me soportó en distintos momentos de mi vida. Pues si existe un hombre que me ha conocido por completo es él. No soy una persona fácil. Soy independiente, fuerte en extremo y con mis días complicados. No soy la típica mujer enmarcada en la sociedad. Y sin embargo, él me supo llevar muy bien. Sus hijas me entregaron su cariño, las adoré y me llevé muy bien con ellas la mayor parte de nuestra vida en conjunto. Las amo y cada día pido para que les vaya muy bien. Quiero que ellos como familia sean dichosos.

Nunca nos hará más feliz el hecho de que alguien que fue parte de nuestra vida sufra o tenga problemas. Si nos alegra su tragedia o se la deseamos, jamás podremos alcanzar nuestra propia realización y felicidad. Somos parte de un todo, de una unidad. El hecho de que ya no seamos parte de los sueños de la otra persona no nos da el derecho de desearle penurias. Nuestra energía, en cambio, debe enfocarse de inmediato en nuevos sueños, nuevas metas, nuevos proyectos y nuevas ilusiones.

José tenía la propiedad en Isla Morada y yo, mi apartamento en Puerto Rico. Él se quedó con el negocio, mientras opté por salir de casa exclusivamente con mis cosas personales. Sin enredos ni disputas por bienes materiales. Fuimos a una corte y lo gestionamos como un trámite más. Por derecho me correspondía una parte de la compañía, pero obtenerla alargaba el proceso y escogí dejársela. A lo largo de mi vida nunca he peleado ni batallado por bienes o dinero. El universo se ha encargado de suplirme y llenarme con más de lo que yo misma visualizo. Y así ocurrió.

Finalmente, el 7 de julio del 2014 sellé el divorcio de mi segundo matrimonio. Le tomé foto al acta de divorcio y se la envié a Alberto con el mensaje: "ya soy soltera".

SEGUNDAS PARTES ¿SON SIEMPRE MALAS?

En el mismo instante en que José me pidió el divorcio, empecé a buscar cómo recomenzar mi travesía, a juntar los trozos que había de "Lina" dispersos por ahí y rearmarme. Me dolió muchísimo, por supuesto, pero no podía quedarme estancada en ese dolor o menos aún, llenarme de resentimientos. Sabía que cuando las ilusiones y el encantamiento se acaban, no hay forma de inventarlos. Si el cariño y el respeto no fluyen, no hay manera de empujar una relación. Así es que empecé a buscar soluciones para mi nueva etapa.

¿Para dónde me mudaría? Contaba con un apartamento en Puerto Rico pero no quería volver a la isla. Por otro lado, quedarme en Miami incluía buscar un alquiler para mí y mi perra Betsy. También debía asumir los gastos que necesito para seguir viajando a Puerto Rico y a Colombia, para que mi negocio siguiera funcionando. En fin, comencé a analizar todos los aspectos que debía considerar para lo que venía de ahí en adelante.

Las crisis siempre han sido parte de mi vida, como en la de cualquier ser humano, pero había aprendido desde hacía tiempo que por más dolorosas que fueran, debía enfocarme en cómo enfrentarlas y superarlas, en las acciones a tomar para salir de éstas y no perder un segundo paralizada por el miedo.

Estaba en medio de esas divagaciones, cuando le escribí a Alberto, en ese minuto "mi compinche", contándole que me acababan de pedir el divorcio.

—Te irá muy bien. Eres una mujer muy luchadora, de mucho empuje, muy capaz. Sé que te irá muy bien. Y todo lo que necesites, sabes que cuentas conmigo, no lo dudes ni un minuto —me respondió.

A mediados de mayo, Alberto viajó a Miami y me llamó para que almorzáramos juntos. José y yo en ese momento ya habíamos echado a andar el proceso del divorcio, pero continuábamos bajo el mismo techo, mientras encontraba un lugar adecuado para mudarme con Betsy, que era y es mi prioridad. Sólo necesitaba un cuarto y un escritorio para trabajar, donde aceptaran a mi perra con el mismo respeto y cariño que a mí.

113

Este acercamiento con Alberto, en esta nueva etapa como amigos, nos había dado la oportunidad de sincerarnos en todos los aspectos. Como todo ser humano, ambos habíamos cometido errores durante el tiempo que estuvimos juntos. Fuimos impetuosos en muchas decisiones, actuamos en ocasiones por despecho y esas acciones tuvieron consecuencias... Como nos pasa a todos. Pero esa absoluta honestidad con que nos presentábamos uno al otro, con la vulnerabilidad de cada quien a flor de piel, sin máscaras, sin engaños, sin "maquillar" nuestras derrotas, era simplemente mágica.

Cuando tuvo la valentía de confesarme sus traspiés y errores, me impresionó darme cuenta cómo un hombre tan inteligente como él no se margina de caer producto de sus impulsos, simplemente llevado por el ego, que todo lo enreda y confunde. Todos en algún momento tomamos acciones o decisiones de las cuales posteriormente vemos las consecuencias, porque no las hemos adoptado como seres humanos, para nuestra felicidad, para crecer, sino motivadas por ego, por aparentar algo, por no perder la imagen que tenemos ante el resto, por no lucir derrotados, por demostrar que somos mejores, etc. No podemos pelear con el ego, pero sí entenderlo, para no actuar motivados por éste y convertirnos en sus víctimas. Y en este caso, saber que ese hombre, que en otro tiempo me pareció impertérrito fuera así de vulnerable, por alguna razón me inyectó una dosis extra de comprensión y empatía.

Aquel día compartimos un largo almuerzo, donde todas aquellas historias que todavía estaban por ahí guardadas, salieron a relucir. También hablamos de todo lo que nos estaba pasando. En aquel momento, estaba en plena búsqueda de un lugar donde mudarme en Miami, pero no había encontrado muchas opciones donde me recibieran con un perro tan grande como Betsy. Entonces me contó que se casaría nuevamente. Me sorprendió, pues hacía poco que se había divorciado y, aunque sabía que siempre tenía sus aventuras, entre todas sus confesiones no me había contado de alguna en especial, que fuera capaz de hacerlo tomar esta decisión, así de rápido. Más aun, cuando acababa de contarme todas aquellas "metidas de pata" que fueron un arrebato en el momento menos indicado. Pero bueno, mi papel en ese minuto era el de la amiga "apañadora", que escucha y respeta las decisiones como legítimas.

—Tú vas a ir a mi matrimonio —me dijo, más que como una pregunta, como una sentencia, que entonces no descubrí.

— Claro. —Respondí.

—Vas a ir... Claro que sí —insistió. Y durante todo el almuerzo jugó con esa idea, a la cual no le puse mayor cuidado.

Llevaba meses en que mi vida era un torbellino: la enfermedad y muerte de mi padre, la sucesión de sus bienes, las complejas cirugías, un divorcio inesperado... Todo había llegado como un huracán tras otro, que revolvió cada aspecto de mi vida. Ni siquiera lograba asimilar una situación cuando había llegado la otra y así sucesivamente. Sin espacio para duelos ni mucha reflexión, pues había que seguir adelante.

No importa el escenario en el que me haya encontrado, jamás me he quedado paralizada por el miedo. Al contrario, empiezo a trabajar, a pensar, a analizar, a mirar alternativas, a ver las maneras de cómo salir adelante de la situación y a pedirle al universo que me abra las puertas a las oportunidades. Y en ese momento no fue la excepción. Ahí estaba nuevamente, mientras sacaba a caminar a Betsy: **"Desde el señor Dios de mi Ser hasta la Gloria de Dios, desde este día, comprende mi necesidad personal. Dame el valor para aceptarla..."** Y es que nadie mejor que la divinidad en mí sabe cuál es mi necesidad y cómo resolverla en beneficio de todos.

Durante el almuerzo de aquel día, Alberto me había repetido tantas veces lo de su inesperado matrimonio y mi presencia casi imperativa, que por la noche me saltó la duda de que en realidad, conociendo sus curiosas maneras de entregar un mensaje, me estaba tratando de decir algo indirectamente. Y le escribí.

—Alberto, me has repetido muchísimo lo de tu boda. Pero eres como esas serpientes que se van por la tangente y nunca atacan directamente a la presa... Te conozco demasiado.

—¿Te quieres casar conmigo? —fue su mensaje de respuesta.

—Sí, me quiero casar contigo —contesté.

Seguramente tu primera reacción, como fue la de muchos y muchas que me conocían fue: ¡pero esta mujer se volvió loca! Pues, puede ser. Las decisiones a veces requieren de una dosis de locura que nos rompa el esquema tan estructurado que tratamos de mantener, en nuestro intento permanente de llevar una vida perfecta. Pero no lo es y no lo será jamás. Y he ahí lo interesante.

Nos la jugamos toda. Ambos apostamos todo por esta nueva oportunidad, 25 años después de haber terminado con la primera, casi al borde del abismo, al menos para mí. Pero es el hombre que me formó como mujer, que me brindó las oportunidades para educarme, para estudiar en la mejor universidad disponible en aquel momento, que me enseñó todo el mundo que él conocía, con sus virtudes y sus defectos, sus maravillas y sus vicios, pero un mundo al cual yo no tenía acceso. Lo vi a través de él. Pasé de ser una niña de una ciudad, de clase media, a una mujer educada y con una proyección profesional. Me abrió los ojos ante muchos aspectos de la realidad y eso fue la base de todo lo que soy en la actualidad.

La vida, que es curiosa e inexplicable, por diferentes acciones que ambos tomamos, que nos marcaron, nos separaron, nos enredaron y, en su caso, complicaron también su camino, dos décadas y media después, hizo que esas mismas circunstancias nos volvieran a reunir para solucionarlas, en otras condiciones.

A pesar de todo el dolor y sufrimiento que hubo en su momento, siempre existió un cariño genuino. Y eso es lo que permaneció a través del tiempo, el mismo que en este reencuentro nos había permitido conocernos como amigos, como "compinches", a tal nivel de complicidad que podíamos darnos una segunda oportunidad sobre la base de la confianza absoluta.

Veinticinco años atrás para mí era imposible entender su forma de pensar y de actuar frente a las relaciones. No podía y no lo hubiese logrado a su lado. El separar nuestros caminos me dio la posibilidad de madurar, de crecer, de aprender y lograr la fortaleza espiritual, la estructura mental para poder llevar una vida con él y ser feliz, a nuestra particular manera.

Nunca habíamos sido amigos. Siempre fuimos novios y muy buenos amantes; en plan de conquista permanente, compitiendo por atención. Pero jamás tuvimos esa conexión espiritual, del alma, que nos permitiera conocernos de verdad. Esta vez era distinto.

117

CADA HISTORIA DE AMOR TIENE SU FÓRMULA

Las bodas no son lo mío. No soy la clásica mujer que desde niña soñó con verse entrando en una iglesia, vestida de princesa y con una tiara de diamantes sobre un pomposo peinado.¡Nada más lejos de mi personalidad!

Entiendo y acepto los beneficios prácticos de la firma del documento que le hemos dado como sociedad al matrimonio, a nivel legal, financiero o de herencias. Pero la parte ceremoniosa me parece válida para quien le guste, no en mi caso. Antes de invertir cientos o miles de dólares en un fastuoso vestido, decoraciones y una fiesta para decenas de desconocidos o invitados por compromiso, prefiero gastarlos en un espectacular viaje a un destino paradisíaco.

Por eso, mis dos bodas anteriores fueron sencillas. Mi primer matrimonio fue en casa de mi suegra, celebrado con una bandeja paisa en el patio; con un vestido de novia alquilado y como el novio era bastante más bajito que yo, en vez de tacones, usé unas zapatillas, para no lucir exageradamente alta. Para el segundo, con José, ya vivíamos juntos, así es que un día simplemente salimos del trabajo, a la hora de almuerzo, directo a la oficina de la jueza. Sin mucho protocolo. Todo muy relajado. Y pensaba que la tercera sería igual, en una oficina de la corte de Miami o en una notaría, en jeans y camiseta. Pero los padres de Alberto, más tradicionales, querían estar presentes en ese momento y por supuesto, con algo más convencional.

—¿No te molesta si hacemos una reunión o ceremonia? —me preguntó Alberto. —Me gustaría algo simbólico en algún lugar bonito... ¿Dónde quisieras hacerlo? —agregó.

118

La verdad, no sabía qué responder. Ponerme a pensar en aquellos detalles, un sitio adecuado, qué vestido usar y esas cosas me complicaban la existencia. "¡Casémonos, resolvamos y disfrutemos la vida, pero sin tanta parafernalia!", pensaba.

Ni siquiera podía invitar a mi familia que en ese momento desconocía por completo que estuviera siquiera en contacto con Alberto nuevamente. La única persona con quien lo había compartido era mi padre, quien ya no estaba. El resto, ¡me habría internado en un psiquiátrico! Si el hecho de enterarse de mi divorcio de José, para todos había sido un impacto inmenso, ¿cómo podía decirles que después de llevar sólo 19 días soltera me casaría con el mismo hombre que fue mi novio 25 años atrás y a quien no había vuelto a ver desde entonces? El mismo por el que estaba convertida en un torbellino emocional en aquella época...

Por supuesto, nadie conocía el deterioro de mi relación con José. No tenían por qué decepcionarse de quien estimaban y consideraban parte de la familia. Y si hasta para mí, su decisión de divorciarse fue una sorpresa, no podía imaginar lo que implicaba para nuestras familias. Representaba un escándalo total y una profunda una tristeza. ¿Cómo podía agregarles además la noticia de que me volvería a casar en menos de un mes?

Mi reencuentro con Alberto lo había mantenido como mi gran secreto, pues tenía claro que contaría con demasiadas opiniones, que empezarían las especulaciones, las conjeturas e historias de aventura donde honestamente no existían. No había ocurrido nada más que esa profunda amistad, pero conociendo a los "protagonistas" de la historia, habría sido imposible convencer al resto.

119

Alberto y su sobrina coordinaron el lugar, el menú y cada detalle de la boda para evitar que mi cabeza terminara explotando y tirando todo por la borda, por el hecho de complicarme en banalidades. Tan sólo buscar el vestido se convirtió en un castigo, una odisea tediosa. Eso fue más difícil que tomar la decisión de casarme. Creerás que exagero, pero en mi mundo perfecto, entrar a un centro comercial y probarme ropa es lo peor que me pueden encomendar. Siempre he pensado que antes de nacer, en ese limbo maravilloso previo a encarnar, iba directo a la fila de los hombres. Pero algún detalle de último minuto desvió mi ruta, enviándome derecho a la de mujeres. Me empujaron hasta allí, pero olvidaron cambiarme el estómago, la mentalidad y la manera de conducir, que hasta el sol de hoy, honestamente, son más parecidas a las de los "machos". ¡Manejo como si estuviera al mando de un camión! ¡Me doy miedo! Imagina entonces cómo pueden ponerme este tipo de menesteres tan femeninos.

—¡Qué frustración Alberto! ¡No encuentro ningún vestido que me guste! —le dije, casi a punto de cancelar todo el plan por ese detalle. —Tranquila, no te compliques por eso. Si quieres, nos casamos en jeans —me contestó. Una respuesta completamente distinta a la que hubiese recibido dos décadas atrás.

Alberto finalmente se encargó de todo: anillos, hotel, restaurante, etc. Toda su familia estaba invitada: 17 personas y de mi parte, nadie. Y el sábado 26 de julio del 2014 nos casamos frente a la espectacular bahía de Biscayne.

Y AHORA ¿QUÉ?

Alberto nunca fue mi amante. Jamás le fui infiel a José con él ni con nadie, ni siquiera en esos meses de vida separada, antes de firmar el divorcio. De hecho, nuestra noche de bodas con Alberto fue completamente extraña. Allí estábamos, juntos, otra vez, después de tanto tiempo. Con el mismo hombre del que había estado profundamente enamorada. Al que todavía amaba, pero ahora de una manera distinta, por primera vez como amigos, como verdaderos cómplices y almas gemelas. Estaba dispuesta a ir a la luna por él, pero no quería ilusionarme en vano. Y de alguna manera, mantenía un pie sobre el freno de mis sentimientos.

Estábamos casados, pero ¿hasta qué punto funcionaría? ¿Había cambiado lo suficiente aquellos detalles que tanto daño me habían causado antes? ¿Sería igual? Es el hombre que he amado siempre pero no quería decepcionarme nuevamente. Sentía que no me podía confundir... Siempre al filo de la navaja...

Con todos esos cuestionamientos de por medio, más detalles prácticos que resolver, fue necesario que realizara un ejercicio de honestidad conmigo misma. Aprendí a mirarme al espejo, a tomar mis emociones y a reconocerlas. No me juzgo, pero trato de entender la razón por la cual estoy actuando de determinada manera y para qué estoy viviendo un proceso específico, qué debo aprender de éste, en cuáles aspectos me falta madurar, crecer y cuáles debo trabajar más.

Me había preparado durante dos décadas y media para ponerme frente a ese hombre y poder vivir con él esta nueva etapa, de una manera muy diferente y disfrutarla. Y hacerlo ya no como la niña que hace berrinches por el enamoramiento inmaduro y otras cosas superfluas, sino con la madurez de una mujer y con la convicción de quien ama sin apegos, de manera libre, respetando al otro ser como es, con sus virtudes y con sus defectos. Sé como es él, lo acepto y ahora conozco el juego en el que entré.

Durante los primeros dos años de esta "nueva etapa" con Alberto, encontrar en *Youtube* los videos de *Curso de milagros* de Jorge Pellecer Molla fue un ejercicio maravilloso para seguir hurgando mi alma, mis emociones y aprendiendo a enfrentarme a éstas de manera madura, para seguir sanando y evolucionando. Te recomiendo que los busques y lo sigas completo. Te aseguro que tendrá un efecto restaurador en tus relaciones, que sentirás como algo mágico.

Todos sabemos cómo es el matrimonio, cuáles son las reglas del juego... Entramos a éste, pero después no nos gusta cómo nos va y queremos cambiarlas. ¡Pues no! Las reglas de tu matrimonio en particular estaban desde el momento en que conociste a tu pareja

121

y lo fuiste descubriendo. Siempre estuvieron ahí. Estaban muy claras desde el principio. Si a ti no te gusta, te retiras o sigues jugando, pero con las cartas claras. En otras palabras, cambias de estrategia o abandonas la jugada.

La vida es eso, aprender a moverse en su juego y crear nuestra propia fórmula. Y en eso es precisamente donde estoy.

EJERCICIOS, RITUALES Y LECTURAS SUGERIDAS PARA APRENDER A AMAR

Lecturas y videos

★ *Las mujeres que aman demasiado, de Robin Norwood.* Si no te amas a ti misma es imposible que logres crear y mantener relaciones saludables y que perduren en el tiempo. Estas páginas te ayudan a identificar todos aquellos patrones que "enferman" y hacen que nuestras relaciones no funcionen.

★ *Curso de milagros, de Jorge Pellecer Molla,* es una guía para ayudarte a entender cuáles son aquellos obstáculos y vallas que pones, que no te dejan el camino libre para experimentar el amor en tu vida, que es una condición natural en nosotras.

★ *Amor, libertad y soledad. Una nueva visión de las relaciones, de Osho.* Es una herramienta maravillosa para darte cuenta si estás en medio de una relación de apego o se trata de ese amor real, que nos libera y nos insta a vivir a plenitud.

★ *Cómo amarse uno mismo, de Louise Hay.* Esta increíble mujer y todos sus libros, audios, videos y meditaciones han sido el mejor arsenal de herramientas a lo largo de mi camino de aprendizaje. Para cada aspecto y área de nuestra vida tiene algo que decir, pero cuando se trata de aclararnos la película, crecer y prepararnos para compartir con otros, éste es un primer paso fundamental. No dejes de usarlo.

Ejercicios y rituales para potenciar el amor real en tu vida

⋙ Realiza un "entrenamiento emocional". No importa si estás sola o en pareja. Disponte a realizar un trabajo diario para tomar consciencia de tu realidad amorosa. Para eso, te recomiendo que busques una libreta o agenda y vayas registrando cada pensamiento y respuesta a las siguientes etapas que te voy a mencionar. No te cohibas. Sincérate contigo misma. Nadie más que tú leerá esos apuntes. Libérate a través de las palabras. Cada cierto tiempo, revisa tus notas para que constates cómo vas evolucionando.

⋙ Escoge un momento del día para ti. Idealmente puede ser temprano, al levantarte. O a la hora que puedas regalarte unos minutos exclusivos para preparar los "músculos de tu interior".

⋙ Siéntate en un lugar tranquilo y responde estas interrogantes:

^¿Qué siento cuando veo mi relación de pareja?
^¿Me siento feliz? ¿O me atormenta?
^¿Qué sentimientos me provoca la persona que me acompaña o quienes han estado junto a mí en otros momentos de mi vida?
^¿Qué veo en el otro que me molesta?
^¿Qué veo en el otro que me gusta?
^¿Por qué estoy en pareja? ¿Lo amo? ¿Lo necesito? ¿Le temo a estar sola?

≫ Reconoce con total honestidad y humildad que la realidad y características de tu relación han sido creadas por ti. Son el reflejo de patrones, situaciones y emociones que son parte de tu historia, pero que hoy pueden llegar a su fin. Poder modificarlas implica aceptarlas y trabajar para eliminar aquellas que te generan tristeza, dolor o malestar y potenciar las que te hacen sentir plena y feliz.

≫ Reconoce que la ÚNICA responsable de tu felicidad eres tú. No eres víctima. NADIE te hace daño, te destruye la vida o te causa dolor. Somos nosotras quienes aceptamos experimentar cada emoción. NO hay culpables. Ni siquiera es nuestra culpa. Son experiencias que siempre podemos transmutar para nuestro crecimiento personal.

≫ Valora aquellos aspectos maravillosos que ves en ti y que son tu mayor capital. Ámalos, disfrútalos y agradécelos.

≫ Si reconoces que la persona que está junto a ti no es la adecuada para continuar caminando, creciendo y disfrutando la vida, pídele al universo que te brinde las condiciones apropiadas para poner punto final a este capítulo, en beneficio de todos, en armonía con todo el universo.

≫ Agradece el tiempo que estuvieron juntos y todo lo que pudiste aprender de esa relación. Di en tu mente: "Gracias por todo. Te dejo con Dios".

≫ Sin importar lo que hayas vivido junto a esa persona, deséale lo mejor, felicidad, salud, amor y prosperidad. Somos un espejo y todo aquello que deseamos para los demás, vuelve a nosotros.

≫ Recuerda que el verdadero amor nos libera mutuamente, nos nutre y nos insta a la generosidad con el otro. La búsqueda de su felicidad es nuestro principal objetivo.

≫ Siéntete merecedora de ese amor por ti misma, por los demás, por tu vida, por tu historia y lo que viene.

≫ Por último, crea tu lista de cualidades que quieres para una vida en pareja sana, feliz y duradera. No omitas ningún detalle físico, emocional, espiritual o financiero. Puedes pedirlo de la siguiente manera:

"Desde el Señor Dios de mi ser. Yo decreto y pido al universo que de manera perfecta, bajo la Gracia Divina y en Armonía con todo el Universo, compartir el resto de mi vida con un compañero que: (enumera las características).

Así Es, Así Es y Así Será".

126

V. PERDÓN: LA PALABRA TERAPÉUTICA

DANDO VUELTA LA PÁGINA

Durante gran parte de mi niñez aborrecí la imagen de mi padre, sintiendo que no me quería, que era indiferente a mis necesidades, que no era la hija perfecta que él hubiese querido, que no me cuidaba y no le importaba. Mi madre también me generaba sentimientos encontrados. La amaba, pero me dolía su descuido conmigo, la falta de protección que sentía, su inestabilidad emocional, su dependencia de mi padre, su carencia absoluta del manejo del dinero, entre otras cosas. Y esos sentimientos estaban ahí, dentro de mí, como una herida abierta a la que cada cierto tiempo se le pone sal y duele todavía más.

Después de alejarme definitivamente de Alberto, mi relación más fuerte y determinante durante mi juventud, pasé bastante tiempo con una extraña mezcla de sentimientos. Por un lado, había en mí mucho dolor, que me calaba profundamente, como una pérdida irreparable que me costaba asumir. Me atraía y lo amaba, pero cada vez que su imagen venía a mi mente, simultáneamente aparecían los recuerdos de humillación, de rencor, de aquellos instantes en que sentía que trapeaba el piso con mi dignidad y autoestima. Sentía rabia, impotencia y una tristeza indescriptible.

Pensaba que jamás podría perdonar sus infidelidades y todas aquellas lágrimas que, según mi apreciación en ese instante, "él me había hecho derramar". En efecto, lo culpaba por todos aquellos sentimientos. Mi opción entonces para intentar "sanarme" fue tratar de borrarlo de mis recuerdos. Fue como guardarlo bajo siete llaves en un cajón y enterrarlo en el patio trasero de la casa. *"Ojos que no ven, corazón que no siente"...* Pero todo ese caudal de sentimientos estaba ahí, muy bien escondido y enterrado... No había desaparecido. Allí permanecía.

Una mezcla parecida de rencor experimenté en otras ocasiones, como al percatarme de que mi jefe en Puerto Rico hacía hasta lo imposible por dañar mi trabajo, creándome trampas y situaciones que pudieran hacerme cometer algún error. Todo, con el propósito de sacarme de circulación y poder actuar sin alguien que delatara sus malos manejos en la empresa. Sufría la impotencia de no poder destapar sus intenciones y me parecía tremendamente injusto conmigo. En muchas ocasiones la rabia se apoderó de mí, más todavía cuando puso fin a mi contrato y lo hizo el mismo día que me iba de vacaciones a Colombia. Pensaba en cómo alguien podía ser tan despiadado, manipulador, maquiavélico e insensible. Me había dejado a la deriva, con una montaña de responsabilidades que me generaron muchísima ansiedad e incertidumbre, al punto de causarme problemas de salud.

¿Y qué puedo decir de los abusos a los que fui sometida desde por lo menos, los cinco años de edad? Mi inocencia y mi etapa de niñez, de descubrir la sexualidad de manera natural y paulatina, conforme a mi madurez... Todo eso se rompió bruscamente, con todos los resultados que te he contado. ¿Cómo habría sido mi vida si no hubiese pasado todo eso? ¿Me habría relacionado de manera distinta con los hombres? ¿Habría sido menos rebelde durante mi adolescencia? ¿Qué habría sucedido? ¿Cómo podía ser indiferente a tantos episodios? ¿Se puede perdonar a personas tan nocivas en nuestra vida así de fácil? Me lo pregunté muchas veces...

Hasta el día en que entendí que todo pasa por una razón y todo tiene una finalidad y, que por más difícil que sea, siempre, con el tiempo, eso que parecía tan increíble que "me habían hecho otros", era algo que tenía que vivir para poder aprender, crecer y trascender, siempre hacia algo mucho mejor. Por esta razón no me volví a preguntar "por qué" me pasa esto a mí, sino "para qué" lo estoy viviendo.

Si me hubiese quedado con Alberto, "el piloto", estoy casi segura que sería una mujer con problemas de alcohol y drogas, o depresión con tendencia al suicidio, o bien, todas juntas. Pues no hay dinero que llene el alma y no hay amor verdadero, si no nos queremos a nosotras mismas. Al ser su novia por cinco años, me enseñó mucho a nivel profesional e intelectual. Pero su gran lección fue permitir que me diera cuenta de mi escaso amor propio, de todas las situaciones de mi niñez, de mis miedos, mis traumas y carencias en las que debía trabajar. La poca dignidad con la que contaba la tuve que usar para tomar el valor de dejarlo y salir de esa relación de codependencia. Pero fue gracias a él que tomé consciencia y comencé mi proceso de crecimiento.

Si Mario no me hubiese "puesto los cuernos", estaría en una relación totalmente insatisfactoria y, por ende, ambos seríamos infelices. A él debo agradecerle su paso por mi vida, ya que me permitió seguir avanzando a pasos agigantados a nivel personal, profesional, económico y espiritual. De no haber sido así, estaría estancada.

Gracias a Emilio, mi jefe, quien me despidió del banco en Puerto Rico, hoy soy una empresaria exitosa y he recorrido muchos países, permitiéndome desarrollar a nivel económico, humano y espiritual. Se lo agradezco infinitamente, pues de no haberme empujado al límite, de manera tan abrupta, seguiría siendo empleada de una institución financiera, cuidándome la espalda de la puñalada de los ejecutivos, de jefes o subalternos, con los típicos juegos de poder y egos.

Gracias a José, quien consiguió una mujer más joven antes de separarnos, por la cual me pidió el divorcio, me pude volver a casar con Alberto y tener la oportunidad de viajar, continuar con la prosperidad y abundancia económica, desarrollar nuevos negocios, estar en mejor forma físicamente y reafirmar mi poder de creación. Jamás me he expresado con insultos contra "sancocho", la nueva esposa de José. Gracias a ella estoy mucho mejor.

A ninguna de esas personas les he deseado que les vaya mal. Al principio, es cierto, que al igual que le sucede a la mayoría de los seres humanos, puede que me llene de rabia, de angustia, de miedo y muchas otras emociones, pero al pasar los días simplemente me enfoco en lo que deseo crear para mí, canalizando y haciendo uso de toda esa emoción, y a ellos les deseo lo mejor. Siempre espero que también puedan ser felices, uno con su "sancocho", el otro con su esposa y su hija, el otro con sus relaciones y forma de ser... No me quedo estática, pisando una y otra vez mi ego herido, permitiéndole que me haga perder el tiempo. Por el contrario, les deseo lo mejor para seguir avanzando. El liberarme de esa emoción negativa del primer instante, sanar y perdonarlos me impulsa a crear mejores cosas hacia el futuro.

Tengo una amiga, cuyo marido le era infiel y ella contrató a alguien que lo siguiera para confirmarlo. Le tomaron fotografías comprobando esa relación extramarital y cuando lo confrontó, decidió solicitar el divorcio. Fue tanto su dolor y su rabia, que durante años se refería a la amante de su esposo con la peor de las palabras que podemos usar contra las mujeres en estos casos. Por mucho tiempo vivió cada día sumida en el resentimiento, el dolor y la tristeza, hasta darse cuenta que el vivir sola con su hijo le ha permitido crecer a nivel personal, económico y personal. Incluso, esa infidelidad la liberó de hacerse cargo más adelante de un hombre mayor y enfermo.

A veces no entendemos por qué pasan ciertas situaciones, golpes o acontecimientos, pero créeme que todo tiene una razón de ser. Si gastamos nuestra energía y nuestro tiempo maldiciendo, insultando, llorando, con ira y con dolor, nos demoraremos más en aprender lo maravillosa que es la vida. Ésta siempre nos sacude para empoderarnos y llevarnos a una mejor posición.

131

Nuestra gran fuerza de creación radica en ponerle emoción a nuestros deseos y pensamientos. Entendí que las emociones que me generan todas esas situaciones "difíciles" las puedo enfocar y orientar en crear un mejor futuro para mí, para materializar mis sueños y todo lo que deseo.

Cuando entiendas que todo pasa por una razón, va a ser mucho más rápido y fácil el proceso de aceptación y asimilación para pasar la página a nuevas y mejores experiencias en tu vida.

De este plano terrenal no nos llevamos nada ni a nadie. La vida es una aventura llena de experiencias. Tú decides si te quedas estancada o sigues avanzando para disfrutarlas.

Un amigo muy especial, recientemente me manifestó que haber vivido una de las experiencias más difíciles: tres meses privado de su libertad, fue lo que le salvó la vida. Pues de no haber sido por esto, habría muerto producto de sus andanzas. Entonces, deja de amargarte y quedarte anclada en lo que sucedió de manera diferente a lo que esperabas y tenías planeado. Avanza. Crea. Y dale fuerza a tus nuevos sueños y nuevos rumbos.

LOS EFECTOS DEL PERDÓN

Fácil no es, pero se puede y debemos hacerlo, pues perdonando es la única manera de "limpiarnos" espiritual y emocionalmente. Y es, como una bola de nieve, que crece a medida que avanza y esparce su energía a quienes están alrededor. El perdón tiene un poder de expansión dulce y curativo, como la miel, que nos embarra, pero aleja todo lo tóxico, dejándonos una nueva cubierta protectora y pegajosa.

En más de algún taller en que he participado han dicho: "los padres y sobre todo, nuestra madre tiene tanto que ver en nuestros desastres o aciertos". La primera vez que lo escuché ¡me sentí aliviada de no ser mamá! Pero no podemos convertir a nuestros progenitores en responsables, menos aun en culpables. Obviamente tienen injerencia en nuestras vidas porque son los encargados de criarnos y lo hacen con las herramientas que tienen en el momento que llegamos a ellos. Con más o menos destrezas, preparados o no, con la forma de amor que conozcan hasta entonces, con sus miedos, fortalezas y puntos débiles. Y suelen tener situaciones más complejas que no saben manejar porque les toca hacerse cargo de sus acciones, como a todos. La mayoría de nosotras cargamos con una mochila de resentimiento contra nuestros padres. Pero para avanzar necesitamos perdonarles. Es imprescindible absolverlos por aquello que hicieron mal o tal vez, por lo que dejaron de hacer para protegernos. Perdonarles por traspasarnos sus frustraciones, sus miedos, sus ansiedades, sus tristezas, sus depresiones y a veces, su exceso de autoridad, la exigencia de perfección, sus expectativas o el querer cumplir sus propios sueños a través nuestro. Lo más probable es que ellos todavía carguen con sus dolores, rencores y carencias sin resolver. Sólo repitieron el patrón que conocían. Pero tú ya tienes otro bagaje, nueva información y distinta perspectiva. Míralos con ternura y amor. Ellos dieron lo mejor de sí, hasta donde podían.

Una vez que aprendí a mirar a mis padres con amor genuino, con compasión y comprensión, todo cambió entre nosotros.

Debemos dejar de esperar algo de los demás, pues no podemos determinar si disfrutamos o apreciamos la vida según los códigos de conducta que les imponemos en nuestra mente. ¡Ellos ni se enteran! Y tampoco pueden vivir para nosotras. Es decir, muchas veces asumimos que nuestros padres, nuestra pareja, nuestros hijos, nuestros compañeros de trabajo y amigos deben comportarse de determinada manera para que seamos felices. Pero no es así. La plenitud, la dicha y todo lo que esperamos de la vida proviene de nosotras mismas y de cómo asumamos nuestro rol en ésta, llevando nuestras propias riendas.

Nuestra vida no es como las telenovelas, en que siempre hay un personaje que busca vengarse de lo que le hicieron en el pasado o de la herencia que le quitaron a su padre y por la cual se crió en la miseria. ¿Te has dado cuenta que esos personajes dedican la vida entera a crear artimañas y planes macabros para vengarse? ¡Pier-

133

den su juventud y mejores años en pensamientos llenos de rencor e ira! Si existe algo que aprender de estas historias ficticias es que nada de eso sirve. En la vida real no podemos consumir nuestra energía poniéndole sal a la herida o brindándole más poder a quien nosotras consideramos que "nos causó daño". Lejos de pasar torturándonos diariamente por aquellos sentimientos negativos que nos generaron dolor y enfocar nuestra energía inventando mil maneras de vengarnos, debemos reorientarnos en buscar el amor, que es la única vía para sanar y transformarlo todo.

¿No crees que te haría sentir mejor mirarte al espejo y ver lo bien que te ves, lo saludable que estás, el éxito y la paz que tienes, que pararte encima de tu "victimario"? Gastar en vano nuestra energía buscando cómo hundir a esa persona nefasta no nos hace más felices. A lo sumo nos proporciona un placer temporal que se esfuma instantáneamente porque su base no está en lo sublime.

MIRÁNDONOS AL ESPEJO

El perdón no es sólo un ejercicio de buena voluntad que debemos hacer en favor de otros. También el mundo tiene distintas historias que perdonarnos a nosotras. Quizás no tenemos consciencia de esto, pero muchas veces, sin querer, le hacemos daño a quienes no se lo merecen, incluso, a quienes más amamos y por supuesto, a nosotras mismas. Y eso, sin duda tuve que aprenderlo.

Cuando se separaron mi padres, mi mamá todavía era una mujer muy joven, atractiva, llena de vacíos y carente de autoestima. Había comenzado a trabajar en una empresa de cosméticos y tenía toda la libertad del mundo para hacer lo que quisiera, así es que comenzó a participar de innumerables convenciones, viajes a Cartagena y otras ciudades. Y cuando estaba en Medellín, salía con sus amigas, llegaba tarde y disfrutaba de todo aquello que no había conocido cuando era adolescente.

Lucía espléndida, así es que aprovechaba esas oportunidades que la hacían vibrar, pues necesitaba ese "empujoncito" de autoestima, todo lo que la ayudara a sentirse bella, joven y deseada. Estar a cargo de dos hijos en ese momento era una responsabilidad para la cual no la habían preparado y no sabía cómo asumir. Ante esas circunstancias, a los 15 años tomé la responsabilidad en el cuidado de mi hermano. Pero no estaba tan preparada y madura emocionalmente como pensaba y toda esa frustración que sentía por no contar con el apoyo de mis padres la descargaba en él.

135

Fui extremadamente estricta e injusta con mi pequeño hermano, quien es un ser maravilloso. Sé que sufrió mucho, ya que recibía las descargas de negatividad por partida triple: de su padre, su madre y su hermana, lo cual se manifestó en muchos problemas emocionales a lo largo de su vida. Cuando tomé consciencia de esto, comencé un arduo trabajo para perdonarme por ese comportamiento y para que él también lo hiciera.

Empecé a leer diversos libros, a realizar talleres y a sanarme de las maneras posibles que aparecían ante mí con este propósito. A medida que encontraba información me fui dando cuenta que somos más responsables del resentimiento en otros de lo que imaginamos. En la mayoría de los casos ni siquiera sabemos o recordamos el daño que hemos hecho. Basta una decisión con la cual otra persona no está de acuerdo, o que seamos favorecidas en algo, un comentario, una broma a destiempo, algún privilegio, las características físicas que tengamos y que otros envidien... En fin, cualquier detalle puede llevarnos a que se distorsione la percepción de quienes nos rodean y nos convirtamos en causal de ira y rencor.

Pero no existe nada más complejo que perdonarnos a nosotras. En especial, cuando hemos experimentado abuso. Gran parte nuestra se siente responsable de lo sucedido, que de alguna forma "generamos" la situación o la propiciamos. Es un sentimiento normal, pero que nos lleva a cargar con culpa durante toda nuestra vida si no la trabajamos de la manera adecuada para erradicarla de nuestro corazón.

Por eso, siempre es necesario tomar acción para soltar todos aquellos recuerdos que nos generan ira, dolor y rencor. Si sientes que existe un estancamiento en tu vida por sentimientos tóxicos que se han instalado en tu alma debido a situaciones del pasado, es momento de dejarlos partir.

Debemos entender primero que los seres humanos nos equivocamos. Sea cual sea nuestra preparación académica, moral, religiosa y cultural, así como nuestra disposición ante la vida, la posibilidad de no tomar el mejor camino siempre estará presente. Y es que a través de esas equivocaciones, voluntarias o involuntarias, es precisamente donde transita la vía que nos lleva a aprender y a mejorar. Debemos partir de la base de que cada quien hace lo mejor que puede para vivir con el nivel de consciencia que tiene. Algunos, actuando en muy baja frecuencia, lo cual produce que sus acciones y efectos resulten dolorosos y dañinos para el resto, pero es su realidad. Eso es lo que pueden ofrecer porque no saben cómo dar más... al menos en ese instante. Entonces ¿cómo juzgarlos?
Debemos ser honestas al mirarnos al "espejo espiritual". Si sabe-

mos que nuestro comportamiento también ha generado dolor, ira o tristeza en otros, debemos ser valientes para reconocerlo. Son situaciones que se presentan por un nivel de inconsciencia, pero que podemos trascender con amor y apertura hacia el aprendizaje que nos dejan.

No somos perfectas e incluso, trabajando arduamente nuestra vida espiritual, siempre podemos caer en alguna situación de inconsciencia. Aunque por supuesto, mientras más evolucionamos, vamos adquiriendo mayor dominio de nuestro ser y más consciencia de nuestros actos.

Perdonar no se trata de decirlo y asunto arreglado. No. Las palabras son simplemente una acción superficial que si no van acompañadas de la superación de los sentimientos asociados, continúan generando resentimientos solapados.

137

No significa que vayas a olvidar lo que sucedió. Se trata de dejar que esas reacciones tóxicas que te han producido dolor dejen de interferir en ti. Acepta que ocurrieron, que pasaron, pero que ya no tienen ningún poder en tu vida.

Implica sobre todas las cosas, reconocer que las verdaderas responsables de nuestra vida somos nosotras. Lo que haya sucedido "ya fue". No importa que el pasado haya sido un auténtico desastre hasta hoy. Pero de aquí en adelante las cosas pueden cambiar. "Yo Soy" quien puede darle o quitarle poder a los demás para ejercer presión en mí. Nadie más.

PERDONANDO DE ESPÍRITU A ESPÍRITU

No siempre podemos enfrentar el perdón abiertamente con la persona que nos ha causado dolor o a la que nosotras se lo hemos generado. Muchas veces es un trabajo unilateral, pues, la otra parte se mantiene intransigente. O en ocasiones, enfrentarlo genera un problema mayor, especialmente cuando se trata de algún miembro de la familia. Sin embargo, el acto de perdonar puede ser ejecutado de igual manera, pues finalmente es un ejercicio muy personal, para tu bienestar y tu crecimiento.

Esto me sucede con alguien muy cercano, con quien puedo hablar de distintos temas cotidianos, laborales o superfluos, pero no hemos podido sanar cara a cara esos procesos dolorosos del pasado. Me lastimaba muchísimo no conectar con su alma para curar todas aquellas heridas mutuas y avanzar juntos. Por más que buscaba métodos de acercamiento no daban resultado. Fue así como di con el Ho'oponopono. A través de este sistema cada día le pido perdón a su espíritu.

Si no has escuchado nunca del Ho'oponopono, se trata de una antiquísima técnica hawaiana para la reconciliación y solución de problemas. En lengua nativa significa "enmendar el error" o "reparar" y es precisamente lo que hace. Es muy sencillo, pues utiliza cuatro frases elementales ("lo siento, perdóname, gracias, te amo"), pero inmensamente poderosas que nos ayudan a liberar y trascender nuestra mente de malos recuerdos, tomar la responsabilidad de nuestra vida y de las emociones que decidimos que entren en nosotras, dejándonos listas para permitir el ingreso de emociones, sentimientos, personas y situaciones constructivas. Aquellas que nosotras decidamos dejar pasar a nuestra vida, desde una nueva perspectiva de amor, paz y armonía. No te voy a contar más detalles, porque me encantaría que lo descubras y lo uses.

Nadie vive lo que no tiene que vivir, hacemos elecciones y tomamos decisiones consciente o inconscientemente. Por lo tanto, esa persona que quisieras ayudar a sanar tiene que vivir lo que le toca, así como haces con lo que te corresponde a ti.

Muchas veces no somos conscientes de pequeños lastres emocionales que van quedando por ahí, guardados y estancados en el subconsciente. Una vez que nos liberamos de toda carga innecesaria, podemos avanzar en forma liviana, libre y plena. Por eso, aunque sientas que no tienes nada ni a nadie que perdonar, te sugiero que pruebes el Ho'oponopono... Podrías sorprenderte.

Créeme que sumar información, técnicas y métodos de mejoramiento personal es una inversión en nuestra vida. La única con garantía de confiabilidad, éxito y ganancia.

Recuerda que el perdón no tiene una fórmula mágica instantánea. Pero su trabajo terapéutico es restaurador. Hay estudios científicos que muestran que mejora nuestro temperamento, disminuye la depresión y elimina el estrés, entre otros beneficios que aumentan nuestro bienestar general. Cuando perdonamos y "nos perdonamos" sin lugar a dudas nos elevamos. Entonces, ¿por qué no regalarnos la libertad y sanidad del perdón?

EJERCICIOS, RITUALES Y LECTURAS SUGERIDAS PARA PERDONAR Y PERDONARSE

Lecturas y videos

★ *Palabras mágicas, de Jocelyne Ramniceanu.* Esta escritora francovenezolana, con estudios de Psicología, comparte en este libro su encuentro muy personal con las técnicas de Ho'oponopono y la Reconexión, Es un texto muy honesto, pues comparte todo el proceso de búsqueda constante para crecer y cómo a través de estos caminos logró finalmente la transformación que buscaba. Además de conectar con su historia, proporciona un manual para aprender a utilizar la técnica Ho'oponopono y descubrir sus asombrosos resultados en tu vida, ayudando a sanarte, a sanar a otros, a superar tus miedos, a deshacerte de las creencias limitantes y a vivir en abundancia.

Ejercicios y rituales para potenciar el perdón

⋙ Utiliza alguna meditación para el perdón y la reconciliación de Louise Hay (por ejemplo: *Tratamiento para el perdón y liberación, Meditación guiada de autocuración, etc.*)

⋙ También puedes usar una meditación curativa de Brian Weiss. Te recomiendo estos autores porque cuentan con versiones en inglés o las traducidas al español, si prefieres. Ambos son excelentes opciones para realizarlas mientras caminas o te tomas un tiempo para ti diariamente. Puedes hacerlo por la mañana o antes de dormir. Incluso, puedes dejarlas mientras duermes, porque el mensaje trabaja a nivel de tu subconsciente. Lo importante es que seas perseverante. Perdonar no es un ejercicio espiritual fácil. Requiere de tiempo y de mantenerse en la disposición de lograrlo.

⋙ Ejercicio para perdonar y liberar:
"Yo (menciona tu nombre completo, con apellidos), saludo a tu espíritu (menciona el nombre completo y apellidos de la persona con quien quieres sanar), con armonía, paz y amor. Yo te bendigo, te libero y me libero de ti. Ve con Dios. Así Es, Así Es y Así Será".

⋙ Si quieres usar la técnica del Ho'oponopono, aquí te dejo las principales frases que se usan para despertar la consciencia sobre aquellas situaciones que han ocasionado deterioro en la relación con otras personas, dolor, resentimiento, etc. Respira y concéntrate como si fueras a meditar. Luego, repite estas frases como un mantra, de manera que te ayuden a borrar esos recuerdos de tu memoria, a sanar y a avanzar. Puedes repetirlas cuantas veces quieras y practicarlas durante el día o antes de dormir.

"Lo siento, perdóname, gracias, te amo"
"Los amo queridos recuerdos. Agradezco la oportunidad
de soltarlos a ustedes y a mí".
"Te amo y si desperté en ti sentimientos hostiles
lo siento y te pido perdón. ¡Gracias!

⋙ No olvides:

-Toma la decisión de perdonar. Ya es tiempo.
-Escoge alguna técnica que te sirva para canalizar el manejo y desprendimiento de aquellos recuerdos que te generan rencor. Puede ser una meditación guiada, hipnosis, Ho'oponopono, etc.

⋙ Conéctate contigo y reconoce por qué necesitas perdonarte. Hay algo que te provoca ruido internamente y te genera molestia. Toma un tiempo para ti, a solas y sincérate. Hazte las preguntas: ¿qué siento?, ¿qué recuerdo me genera este sentimiento?, ¿quién es la persona que lo genera?, ¿qué hice que me hace sentir mal?, etc.
⋙ Asume tu cuota de **"responsabilidad"** (no de culpa) cuando te corresponda. Si eres una persona adulta y sabes que actuaste en contra de otro o contra ti misma, reconoce aquellas acciones que fueron motivadas por la razón incorrecta.

⋙ Reconoce el poder del amor para sanarte. No hay otra manera de avanzar si no es amando a ésa o ésas personas, incluida tú misma. Perdónala desde el fondo de tu corazón. Bendícela para que haga su vida de la mejor manera. Déjala libre, que continúe su camino en paz, para que tú la obtengas también. Piensa que aquello triste que generó ha sido una motivación para ti para ir por más, para crecer y evolucionar. Un camino que quizás no habrías buscado en otra circunstancia favorable.

"Dios tiene el control de mi vida y su Magna Presencia en mí tiene el poder para escoger una vida miserable consumida por el rencor o una plena, optando por la felicidad.
Yo escojo ser feliz.
Acepto mi realidad, bendigo a todos quienes han sido parte de mi vida. Perdono y dejo ir.
Así Es, Así Es y Así Será".

VI. UNA VIDA DE ABUNDANCIA Y PROSPERIDAD

EL TABÚ SOBRE LOS BIENES MATERIALES

Merecemos vivir cómodamente y satisfacer todas nuestras necesidades y deseos. Ser rica es bueno, pues el dinero no tiene nada de malo. Es energía y depende de nosotras si somos sus esclavas o si lo sabemos utilizar. Sin embargo, culturalmente estamos programadas para autosabotearnos económicamente, haciendo que la abundancia y la prosperidad nos parezcan verdaderas quimeras... metas inalcanzables.

Recuerdo que mi madre siempre tuvo problemas con el manejo del dinero. Primero, le sucedía que no tenía acceso a recursos económicos porque dependía de mi padre, el cual hacía las cosas bastante complicadas, por su exceso de control y otras prioridades que tenía ajenas a nuestra familia. Y ella, se las debía ingeniar, con mucha astucia, recortando los gastos por aquí y por allá para ir reuniendo los excedentes de las compras que le permitieran darnos modestos gustos. Sin embargo, luego, cuando comenzó a trabajar, aunque ganaba bastante, así de fácil se le escurría entre las manos.

Mi mamá ha sido siempre una trabajadora incansable, a quien he admirado mucho en ese aspecto, pero no se sentía merecedora de la abundancia y prosperidad, por ende, no las alcanzaba. Tuvo un programa de radio durante más de veinte años para ayudar y apoyar a otros a resolver sus problemas. Puso un consultorio de belleza y terapias emocionales en Río Negro, en las afueras de Medellín. Allí atendía a cientos de mujeres y a sus hijos, cuidándoles desde el pelo hasta el alma. Los arreglaba "por dentro y por fuera", pues siempre ha buscado mejorar su conocimiento con distintas herramientas y compartirlas. De hecho, como te conté en otro capítulo, fue gracias a eso que los primeros libros de metafísica llegaron a mis manos y juntas comenzamos a leerlos. Pero hemos vivido nuestros procesos de manera opuesta. Mientras ella comenzó a compartir y tratar con los demás lo que leía, sin interiorizarlo por completo, yo, empecé a poner en práctica todo aquello que aprendía conmigo y recién hago el intento de empezar a compartirlo, cuando he visto los resultados con creces.

De la misma manera en que mi mamá logró comprar un apartamento, lo perdió, pues su nivel de gastos era enorme y nunca le alcanzaba lo que ganaba. No importaba cuánto fuera, siempre era el mismo resultado, porque una vez que estuvo inserta en el mundo laboral estaba disfrutando de "su adolescencia tardía". Es decir, de aquellas cosas a las que no había tenido acceso cuando era una quinceañera y, por lo tanto, se entusiasmaba con todo lo que aparecía enfrente suyo. Cualquier cosa le llamaba la atención y la quería adquirir.

El dinero y los beneficios que éste proporciona son energía, que como tal, debe fluir de manera natural. No es algo negativo, pero suele tener esa connotación. Muchas religiones han asimilado la palabra "dinero" al principio de todos nuestros males, casi sinónimo de pecado. Pero no lo es, pues sólo se convierte en nefasto cuando nos enfocamos en conseguirlo para satisfacer nuestro ego, para presumir, para imponernos sobre los demás; cuando lo visualizamos como símbolo de poder, otorgándole un uso erróneo. Sin embargo, si entendemos que es simplemente una vía para proporcionarnos bienestar y comodidad, para ayudarnos en la realización de nuestros proyectos y sueños, para el disfrute personal y de quienes queremos, entonces no tenemos de qué preocuparnos. Cada sueño que hacemos realidad nos brinda paz. No es el dinero que lo lleva a cabo, sino el amor puro que hay detrás y que ha generado esa energía para cumplirlo.

LA ABUNDANCIA EN MÍ

Me esforcé en indagar y buscar la información que me permitiera entender qué pasaba, cómo podía cambiar y vivir de una manera diferente a lo que había visto a mi alrededor en cuanto a la prosperidad.

Lo primero que me propuse fue estudiar tanto como me fuera posible y en las mejores instituciones que tenía a disposición para contar con la mayor cantidad de herramientas. Por esto, cuando Alberto me propuso costearme la carrera de Administración de Empresas en la universidad más prestigiosa de Medellín, me pareció un regalo invaluable que recibí. Me sentí merecedora y lo he agradecido siempre, pues sabía que era un paso vital para avanzar a nivel profesional y económico.

Una vez que entré a trabajar, ya había comenzado también a buscar información que me ayudara a sanar emocionalmente, a crecer espiritualmente, a conocerme y a acercarme a la divinidad en mí. Y empecé entonces a practicar lo que leía sobre crear la realidad que queremos. De esa manera aplicaba todo lo que aprendía entrando a la empresa que más me interesaba y me servía en ese momento para mi desarrollo, crecimiento profesional y económico. Debemos integrar todo: mente, corazón, energía y emoción. Tenemos que ser astutas y sensibles a la vez.

Entré a trabajar en una de las mejores instituciones bancarias que había en Medellín. Posteriormente obtuve mi postgrado en Finanzas y Evaluación de Proyectos y, gracias a esto pude cambiarme a otras áreas, en una mejor posición y con mejor salario, dentro del mismo banco. Pues junto a desearlo y proponérmelo, también hacía mi parte preparándome para esos cambios. No se trata de pretender entrar a la NASA y saber exclusivamente de jardinería. Debemos manifestar nuestros deseos y enfocar toda nuestra energía hacia ese rumbo, lo cual incluye que nos preparemos en la misma dirección. La información es una poderosa arma que nos abre innumerables puertas. Es de los pocos bienes del cual nadie nos puede despojar. Se queda con nosotras y aunque nos toque desprendernos en algún momento de todo lo material, mientras tengamos el conocimiento, podemos pararnos de la nada una y mil veces. Cada vez, con un bagaje más contundente que nos ayuda a aumentar nuestras posibilidades de éxito.

Tal como te conté anteriormente, en uno de mis viajes de negocios a Puerto Rico, me enamoré de la isla y quise mudarme allá. Para lo cual trabajé deseando ese movimiento durante más de un año, sin dejar de prepararme académicamente para esa meta. Como había obtenido un postgrado y trabajaba en una entidad financiera, además de ir avanzando siempre en mejores posiciones que implicaban mayor salario, también pude realizar clases en una universidad.

Cada noche, además, practicaba un importante trabajo espiritual. Al acostarme, realizaba un ejercicio que me permitía dirigir mi energía hacia el objetivo de mudarme a Puerto Rico. Comenzaba con respiraciones que me ayudaban a relajarme y luego, me visualizaba frente al presidente del banco para el que laboraba, saludando a su espíritu con amor y armonía, y manifestándole mi deseo de ser transferida a la isla. Noche a noche, durante un año realicé el mismo ritual. De pronto, cambiaron al presidente del banco y curiosamente fue el nuevo quien me escogió para la posición que abrieron en San Juan. Y aunque por un pequeño instante, cuando hubo ese cambio de ejecutivo tambaleó brevemente mi confianza, la energía estaba ahí, pues la había mantenido firme, ejercitando mi deseo durante doce meses con mis meditaciones y afirmaciones.

Con el paso de los años entendí que no hay nada mejor que la independencia económica. He tenido la fortuna de haber creado los trabajos en importantes corporaciones tal como los imaginé, primero en Colombia y luego, en Puerto Rico. Ambos fueron plataformas increíbles para mi desarrollo, para crecer económicamente y brindarme todo aquello que necesitaba en los momentos precisos. Y sobre todo, para proporcionarme la experiencia necesaria. Pero nada se compara a la sensación de libertad, de empoderamiento y de beneficios reales que me ha brindado el convertirme en empresaria, en dueña de mi tiempo, de mis posibilidades y de mis aspiraciones.

Desde que le di forma a mi compañía Prisma International hace 15 años, cuando me vi en la obligación de hacer algo para salir adelante en Puerto Rico, comencé a experimentar cómo las bendiciones han llegado a mi vida, incluso, cuando he dejado mi empresa un tanto de lado para dedicarme a otros proyectos. Sin embargo, se comporta como una pequeña flor que aun estando a punto de secarse, no llega a morir, pues siempre hay algo que la renueva, la alimenta y la impulsa a resurgir. Cada vez que le he dedicado más tiempo y energía, ha sido como ponerle agua y fertilizante, haciendo que retome fuerzas para mostrar toda su belleza y esplendor. Así funciona la prosperidad.

Después de separarme de mi segundo esposo y de abandonar por completo la otra empresa que había creado junto a él en Miami, orienté mi enfoque nuevamente en Prisma y volvió a generar negocios, ingresos y a darme la independencia financiera que requiero. Lo mejor de todo, es que es un trabajo que pedí al universo con las especificaciones precisas, como el poder realizarlo desde cualquier parte del mundo, haciendo uso de la tecnología. Y así funciona, pues puedo gestionar las ventas desde mi celular, a través de internet, en cualquier punto del planeta. Diseñé un negocio exitoso con mi mente y el universo me lo proporcionó.

LA PROSPERIDAD COMO UN TODO

Parte importante de llegar a este nivel lo conseguí tras leer el libro Independencia financiera (*Financial Freedom, The Alchemy Of Choice,* en inglés). Te preguntarás qué tiene de distinto este texto a tantos otros que hablan de cómo mejorar nuestras finanzas o convertirnos en seres más productivos. Pues hay mucha, especialmente en mi caso, en que a raíz de haber estudiado carreras como administración, mercadeo y finanzas, ya había pasado por la gran mayoría de autores vinculados a los diferentes modelos económicos. Y es que éste no está basado en la obtención de la abundancia y prosperidad medidos simplemente en dinero, sino en nuestra vida por completo, a partir de nuestra espiritualidad.

Este libro en particular, pertenece a la colección de la sabiduría Ramtha, canalizada a través de la maestra espiritual Jeisy Zebra Knight o JZ Knight, como se le conoce. Por esta razón no se trata de un libro de economía, sino de aprender a descubrir la divinidad en nosotras, pues cuando logramos empaparnos en esa consciencia, podemos lograr que la energía divina trabaje en nuestras vidas proporcionándonos todo lo que necesitamos.

La abundancia, incluida la financiera, está en cada una de nosotras. Entonces, ¿por qué no todas la disfrutamos? Porque estamos enfocadas en conseguir simplemente dinero, recursos materiales para satisfacción del ego y sus necesidades. Limitamos esa "generosidad" absoluta del universo a un aspecto de nuestra vida. En cambio, si nuestro esfuerzo estuviera orientado en encontrar a Dios, en abrirnos a descubrirlo en nosotras, daríamos precisamente en el clavo. Dios no está hecho de miseria, de trocitos o de muestras. Dios es dueño y señor de todo lo que existe, incluso más allá de nuestra visión. Por lo tanto, ¿piensas que esa divinidad sublime presente en ti está limitada?

149

Son, en efecto, nuestras propias limitaciones las que bloquean aquella abundancia completa para que sea parte de nuestra vida. Es, como si fueras dueña de todo un inmenso supermercado, el más completo y moderno que jamás hayas visto. Eres la heredera absoluta. Pero cuando llegas allí, no estás muy convencida de lo bendecida que eres, no te crees merecedora de tanto, así es que apenas entras, no tomas control del lugar, sino que vas directo al área de las degustaciones y te conformas con probar aquellas muestras gratis de productos. Te quedas con lo poco, con las sobras y lo mínimo.

LA ABUNDANCIA SE SINTONIZA

Me gustaría que leas o escuches, si aún no has tenido la oportunidad, a Dr. Wayne Dyer. Este psicoterapeuta y escritor tan reconocido también ha escrito muchísimo sobre el desarrollo espiritual y confirma esta idea de que la abundancia no está limitada a lo material o a una abultada cuenta bancaria, sino que es un estado de nuestra vida. Según él, la abundancia es una emoción, un estado de nuestro ser, con el cual debemos sintonizar para hacerlo real.

De acuerdo a su perspectiva, *"pobreza"* y *"abundancia"* son iguales. Ambas se pueden conseguir de la misma manera y el proceso es muy sencillo. Mientras la pobreza es la percepción de que "nos falta todo", la abundancia es lo opuesto, sintiendo "que poseemos todo lo que queremos".

¿Pero cómo va a ser igual? Se trata simplemente de "sintonizarnos en la frecuencia adecuada". Y es que nos sucede a diario, que no nos percatamos de qué manera somos creadoras de nuestra situación con lo que expresamos y pensamos. Por ejemplo, ¿cuál es tu respuesta a la pregunta que te hacen cada día sobre cómo estás financieramente? Lo más probable es que si estás pasando aprietos, respondas: "aquí, contando los centavos para llegar a fin de mes", "el dinero no me alcanza", "estoy con los bolsillos vacíos", etc. O que frente a la pregunta: ¿cómo estás? respondas: "aquí, en la lucha", "batallando". ¿Te ha pasado? Pues si tus respuestas son similares, enfocadas en la queja y en lo que te hace falta, no puedes esperar que la prosperidad inunde tu vida, pues lo que sale de tu boca está en sintonía con tus pensamientos y estos lo están en la miseria absoluta. Por lo tanto, eso es lo que creas a diario.

Nuestra vida debe ser coherente con nuestros deseos. Incluso, si estamos pasando un momento de dificultad económica, podemos enfocarnos en las bendiciones con las que todavía contamos. Y esa confianza e insistencia en la prosperidad generan la vibración correcta y surgen los milagros. Puede ser que repentinamente te llamen de algún trabajo al que aplicaste hace meses, te llegue un dinero que te debían o aparezca un "ángel" que te saque del apuro prestándote lo que necesitas para salvar ese momento y saldar tus deudas. Ésa es la búsqueda de la divinidad a la que se refieren estos y otros maestros espirituales. Si expresamos pobreza, pensamos en ésta y actuamos como pobres, ésa será la frecuencia en la que permanezcamos. Si por el contrario, insistimos en la creencia de que somos seres prósperos, merecedoras de la abundancia divina, ésta se manifestará en toda nuestra vida. **Siéntete merecedora, recibe y agradece siempre. Ésas son las llaves de la abundancia y la prosperidad.**

151

DESPRENDIMIENTO: CAMINO A LA ABUNDANCIA

Cuando estaba preparando mi mudanza a Puerto Rico, mi trabajo en el banco en Medellín era tan exigente que no me dejaba tiempo para empacar mis cosas con calma, así es que le pedí a la persona que hacía la limpieza de mi casa que me ayudara. Confié ciegamente en ella, pues llevaba años trabajando conmigo. Sin embargo, en medio de todo el ajetreo y, seguramente, amparada en la idea de que no me volvería a ver, se apropió de todas mis alcancías, el dinero en efectivo que había ahorrado en dólares que guardaba por ahí y por supuesto, de mis joyas.

Perdí algunas alhajas que además de su valor monetario, tenían uno más importante que era el afectivo, por haber pertenecido a mis abuelas o a mi madre. Sin embargo, no le di más vueltas al asunto, porque a través de mis estudios de Ramtha había aprendido que cuando te roban, el universo, que es infinito, siempre te provee. Pero, en cambio, ¿qué le atrae a esa persona que se apropia de lo ajeno? Simplemente más pobreza a su vida, pues está actuando desde la miseria, desde el egoísmo y usurpando bienes que no le pertenecen. Quienes roban no se sienten merecedores y eso los impulsa a robar. Y esto sucede a pequeña escala, con robos como el que experimenté o cuando te quitan la cartera en la calle, tu identidad o tus tarjetas de crédito, y a gran escala, cuando los ladrones "de cuello y corbata" se apoderan de inmensas sumas de dinero a nivel de gobiernos o de poderosas corporaciones. El proceso es el mismo, puesto que la energía es la misma.

Estamos tan estancadas intentando conseguir bienes, que perdemos el norte en nuestra vida. Y cuando nos quitan algo, por mínimo que sea, el mundo se nos vuelve un torbellino. Piensa en la cantidad de ocasiones en que te has molestado porque tu vestido favorito se dañó en la tintorería, o sin querer, alguien pasó a llevar ese jarrón precioso que compraste en un viaje a Europa. Quizás entraron a robar a tu casa y perdiste todos los artefactos electrónicos o habías invertido en la bolsa y precisamente esas acciones se fueron al piso y perdiste tus ahorros en esa transacción. O, tras un divorcio difícil y doloroso, acabaste con lo poco que no se llevaron los abogados, entregándoselo a tu ex pareja. ¿Cómo fue tu reacción? Lo más probable es que hayas perdido los estribos y estuvieras a punto de un ataque al corazón.

Si estuviéramos en sintonía con la divinidad en nosotras, de partida, no entraríamos en procesos de disputa. ¿Para qué? Pues tendríamos la certeza de que sin importar lo que perdamos, el universo volverá a derramar su generosidad sobre nosotras. Puedo dar fe de que así sucede, pues después de mis dos primeros matrimonios salí de las casas que había ayudado a comprar, a formar, a decorar y a cuidar, sin nada. En ambas ocasiones lo dejé todo para evitar procesos legales. No sabía cómo comenzaría nuevamente ni tenía un As bajo la manga. Pero contaba con la certeza absoluta de que la divinidad en mí estaba en control de todo y el universo se encargaría de proveerme de lo necesario y más... Así precisamente ocurrió.

¿Sabes cuántas veces comenzaron desde la nada algunos de los más destacados multimillonarios del mundo? Muchas. Perderlo todo en realidad no significa empezar "de cero" nuevamente. Pues cada vez arrancamos con nuevos bríos, con más experiencia, mayor información y el conocimiento de aquellos detalles a los cuales ponerles más atención. Todo eso es parte del crecimiento. Y si estamos conectadas a nuestra divinidad, tenemos la confianza de que es un proceso temporal, ya que nuestro estado natural es de prosperidad, de todo lo bueno que hay disponible para nosotras.

Los nuevos comienzos son grandes oportunidades para crecer, para mejorar, para arreglar esos aspectos en los que debemos trascender. Si nos quedamos enredadas en lo que dejamos atrás, en lo que nos falta, en lo que no tenemos, no vamos a avanzar. Debemos reconstruir nuestras vidas, volver a enfocarnos y encontrar nuestro espacio.

BLOQUEOS QUE INTERVIENEN
CON LA FLUIDEZ DEL DINERO

A nivel individual vemos la abundancia de recursos como algo tan lejano, que es precisamente lo que creamos.

Hoy sabemos que nuestra mente es una computadora... La más compleja y completa de todas, puesto que además de los millones de conexiones que puede realizar mediante la lógica, interactúa con emociones, sentimientos y estado anímico, que en un robot es imposible replicar. Pero como tales, las órdenes que le damos son las que se interpretan luego en acciones concretas. Podemos programarnos con dudas y pensamientos de carencia, y es precisamente los resultados que daremos. O por el contrario, hacerlo con pensamientos y mensajes que promuevan la abundancia, prosperidad, generosidad y todo lo bueno del universo. No podemos ser nuestras ladronas de la fuerza vital que nos pertenece para poner en práctica nuestras capacidades creadoras.

PROSPERIDAD SIN ASPAVIENTOS

Muchas veces me comentan que seguramente sé manejarme financieramente debido a mis estudios. Claro que es una parte fundamental. Pero hay mucha gente que aun teniéndolos, convierte su vida en un verdadero desastre económico.

Tengo ex compañeros de universidad, con los mismos estudios y el mismo conocimiento sobre finanzas que, en cambio, viven endeudados. Y es que pueden haber memorizado la misma información pero no la han canalizado en sus vidas. No son conscientes de la abundancia y prosperidad que tienen a disposición y cuando les llega, derrochan y despilfarran porque viven para los demás, para mostrar y para presumir. Permanecen y crean hacia afuera, no desde el ser. Y esa fanfarronería siempre motiva a gastar más de lo que se gana, a desordenarse en las cuentas, a querer una casa más grande y ostentosa de la que se necesita, tres automóviles estacionados en la cochera aunque sólo se maneje uno, miles y miles en gastos de tarjetas de crédito, joyas que no se lucen, comida que no se alcanza a disfrutar, ropa costosa que jamás se usa...

Cuando el ego es quien "quiere más" hay engaño. Puede ser que temporalmente se obtengan ciertos beneficios, pero tarde o temprano nos pasan la cuenta. Por eso la motivación es a buscar la prosperidad en la divinidad... **"Pide y se os dará"**.

Esto no quiere decir que no debemos hacer nuestra parte. No hay nada malo en lo externo, sino en su uso y en la intención que se le de. La tecnología por ejemplo, a la cual se le atribuyen muchos males de la actualidad, no es dañina. Al contrario, está a nuestro servicio, siempre y cuando sepamos manejarla y no sea ésta quien nos gobierne y absorba nuestras vidas.

155

OTROS PUNTOS A CONSIDERAR PARA ATRAER LA ABUNDANCIA Y LA PROSPERIDAD:

Gratitud, palabra clave

Cuando somos agradecidas con la vida, cuando nos sentimos bendecidas y contamos cada una de esas bendiciones, cuando nos alejamos del reclamo y los sentimientos de miseria, creamos una vibración tan alta, tan sublime, que es capaz de generar verdaderos milagros en nuestra vida. Un buen ejercicio diario para atraer la prosperidad es escribir lo que quieres en un papel o libreta, visualizarlo a diario y agradecerlo de antemano. Con eso, refuerzas la idea de que ya lo consideras parte de tu vida, confías en que el universo te lo va a proporcionar y estás satisfecha con su generosidad. Agradece también los pequeños regalos que recibes constantemente, como la invitación a un café, la flor que te dejaron sobre el escritorio, el almuerzo que una amiga quiso compartir contigo y cada detalle. Verás cómo cada día esos obsequios y manifestaciones se multiplican.

Organízate con el dinero

Confiar en que el universo nos proporciona todo lo necesario en su momento no nos exime de nuestra responsabilidad frente a éste. También debemos poner de nuestra parte. Lo primero es ejecutando una actividad que nos guste, que nos permita realizarnos y en la que podamos dejar que esa energía de prosperidad fluya. Es decir, si montamos nuestra propia empresa, que ésta esté basada en algo que nos apasione, que además seamos conscientes de que debemos pagar lo justo a quienes nos colaboran, compartir ecuánimemente las ganancias y ser honestas en todo momento.

De igual forma, implica ordenar nuestros gastos y nuestras ganancias. La abundancia no significa despilfarro. Al contrario, pues éste es señal de irresponsabilidad frente a la prosperidad.

También significa hacer buen uso de las herramientas que hay disponibles para aumentar la prosperidad. Por ejemplo, una de mis grandes pasiones es viajar y lo hago constantemente. Muchas amistades e incluso, familiares me cuestionan cómo gasto tanto en viajes. Y en verdad no lo hago, pues mi tarea es utilizar los recursos que existen para disminuir los costos de pasajes y estadía. Por ejemplo, suelo usar mis tarjetas de crédito para comprar todo lo que requiero, pero pago la totalidad de la deuda mensualmente. De esa manera no gasto en intereses. Sin embargo, con las compras acumulo puntaje que se intercambia por millas en vuelos de avión. De la misma forma, estoy siempre atenta a promociones que incluyen pasajes aéreos, hospedaje, movilización y algunas comidas.

La estrategia es una mezcla de buen uso de lo que está a disposición de todas, de los recursos y de la creación con la mente y energía de todo aquello que deseamos y queremos.

No regatees

Aprovechar los recursos que existen no es lo mismo que "regatear". Mientras lo primero son maniobras que realizan las mismas empresas o compañías para ofrecer productos más atractivos, usando lo que tienen a disposición, al regatear enviamos la señal errónea al universo. Si pides descuento o rebaja, das a entender que no tienes cómo pagar y es precisamente lo que viene de regreso a ti: carencia.

No le temas a la prosperidad

El miedo es una emoción tan tóxica, que todo lo distorsiona y deteriora. No pidas con temor, pues cuando lo haces, te estás saboteando la posibilidad de recibir la abundancia que mereces. Toma las decisiones que te pueden llevar a obtener la prosperidad con confianza. Ya sea un cambio de trabajo, tomar un curso, mudarse de ciudad o hasta de país... Lo que sea, hazlo, con la certeza de que es una nueva oportunidad y que todo saldrá bien, bajo la Gracia Divina, de manera perfecta y en armonía con todo el universo. ¿Qué es lo peor que puede pasar? Que no funcione y el resultado no sea el que esperabas. Pero nunca estarás peor que al principio, aun si lo perdieras todo en el intento. En algunas ocasiones pensé que haber dejado mi estabilidad en Colombia y mudarme a Puerto Rico no había sido una buena decisión. Con el tiempo me di cuenta que no era tal, pues cada paso fue fundamental para llegar al punto donde estoy. La comodidad no nos desafía a hurgar en nuestro depósito interior de capacidades. No nos llama a ir por más. Sin embargo, frente a la necesidad ponemos todas nuestras neuronas en acción, nuestra fe, nuestra confianza y nuestros conocimientos. Y es entonces donde aflora lo mejor de nosotras.

158

Atreverse es sin lugar a dudas un acto mágico.

No envidies

La envidia en un veneno para el alma y hay que evitarla a toda costa. Si te enteras del éxito de otra persona, de lo bien que le va en sus proyectos, alégrate y hazlo con toda honestidad. No dediques energía y tiempo a pensar que no se lo merece o quién sabe cómo hizo para conseguirlo. No eres quién debe juzgarlo.

Es más, regálale un minuto, llámale o escríbele, felicitándole por sus logros. Aprende de su proceso para ver qué hizo diferente para alcanzar su meta. Tú también puedes hacerlo, pero debes disfrutar de que la abundancia le llegue a los demás, aun siendo quien menos te agrada o tu ex pareja. Muchas, muchísimas personas pierden años de tiempo valioso y de energía pegadas a ver qué hace, cómo le va y tratando de ponerle trabas a su "ex" para arruinarle. Créeme que no tiene sentido. Piensa en todo lo que se puede lograr ocupando ese mismo tiempo y energía en bendecir, agradecer y realizar nuestras propias creaciones.

Nunca nos hará más felices el hecho de que a alguien que fue parte de nuestras vidas le vaya mal. Somos un trocito de un todo, de una unidad. El hecho de que ya no seamos parte de los sueños de la otra persona no nos da el derecho de desear su fracaso. Debemos enfocarnos también en nuevos sueños, nuevas metas, nuevos proyectos, nuevas ilusiones y confiar en que el universo tiene mucho más para darnos.

159

Coherencia: prosperidad como un todo

Precisamente porque somos un todo debemos ser coherentes con la información que manejamos. El saber nos motiva a la disciplina. Si lo piensas bien y observas a tu alrededor, las personas realmente exitosas viven con armonía en sus vidas y alrededor de éstas. Es decir, son ordenadas, comen saludablemente, se ejercitan, sus hogares y centros de trabajo están limpios y organizados, lucen bien de pies a cabeza e incluso, sus amistades son semejantes a ellas. Esto ocurre porque a medida que adquirimos conocimiento, nos damos cuenta de que cada área nuestra debe ser acorde a esa información para que la energía correcta fluya sin inconvenientes.

No permitas que la energía de la prosperidad y la abundancia se estanque en tu vida. Deja que fluya, deja que crezca. La respuesta a nuestros sueños no se limita a billetes. Nace con la emoción, el deseo y el sentirnos merecedoras. Debemos dejar de vivir en un estado de pobreza. Convéncete de que una vez que decides eliminar la escasez mental, la conciencia social, nace en ti una mente ilimitada. Ése es el verdadero reino de Dios que da origen a que todos tus sueños sean una realidad.

EJERCICIOS, RITUALES Y LECTURAS SUGERIDAS PARA LOGRAR PROSPERIDAD

Lecturas y videos

★ *Independencia financiera, RAMTHA, de JZ Knight.* Tal como te comenté anteriormente, todo lo material que necesitemos y queramos en nuestra vida llegará en la medida que nuestro deseo de encontrar al Dios que habita en nosotras sea prioridad. Y este libro es una vía para conocer todos aquellos obstáculos que nos limitan a dar con ese propósito, enseñándonos a superarlos con el conocimiento adecuado. Nos ayuda a entender que la independencia financiera no es sino otra manera de conectarnos a nuestra divinidad.

La mayoría de los libros de Ramtha puedes conseguirlos a través de internet. Te sugiero que también obtengas los audios y meditaciones para que refuerces el mensaje diariamente.

★ Revisa y escucha estos links de Wayne Dyer.
5 pasos para la prosperidad
https://www.youtube.com/watch?v=7dMbxN-m0vA

★ Todo lo que puedas imaginar
(También puedes bajar el audiolibro completo titulado igual)
https://www.youtube.com/watch?v=9vwgSQ7VZmU

Ejercicios y rituales para la prosperidad en tu vida

➤ Agradece lo que tengas. Cada mañana, apenas te despiertes agradece al menos tres aspectos que posees: tu vida, la salud, tus sentidos, la casa que habitas, tus hijos, tu pareja, la mascota que te acompaña... Y antes de dormir, realiza el mismo ejercicio. Si puedes ser agradecida en lo poco, verás cuánto puede rebosar en tu vida. La gratitud es la puerta más amplia hacia la prosperidad.

➤ Siéntete merecedora de abundancia. Debes estar convencida de que eres imagen de la Magna Presencia de Dios en ti. Y no existen versiones divinas mediocres. Todas somos su representación, unas más pulidas que otras en la medida que tomamos consciencia de esto.

➤ Medita y realiza diariamente afirmaciones positivas sobre la abundancia. Recuerda que las palabras provienen de la emoción, de los pensamientos y estos generan vibraciones. Repite palabras que refuercen los pensamientos de prosperidad.

➤ No reclames, no te quejes. Incluso si permaneces en tiempos de dificultad, en que piensas que la abundancia no se manifiesta en tu vida, evita hacerlo.

➤ Si alguien te realiza un pago pendiente o te presta dinero, esto es la manifestación de una necesidad. Agradécelo, siéntete merecedora y honrada. Si esta pequeña puerta se abrió, fue producto de tu creación, de tu impulso y naturaleza creadora. Vas por buen camino.

⋙ Haz una lista enumerando lo que deseas y quieres adquirir. Por ejemplo, si tu meta incluye comprar una casa, un vehículo nuevo, muebles, unas vacaciones a un lugar determinado o realizar algún curso... Lo que sea, ponlo en tu lista. Es más efectivo concretar en todo aquello que quisieras invertir el dinero que pedirlo al azar para que se manifieste. No pongas límite de tiempo en que lo quieres hecho realidad. Sólo manifiesta tu emoción hacia esos deseos y visualízalos como algo que ya tienes. Agradece al universo de antemano porque confías en que te llegarán. Revisa y repite diariamente ese listado.

"Desde el Señor Dios de mi Ser hasta la gloria de Dios, desde este día, comprende mi necesidad personal. Dame el valor para aceptarla y para esperar el tiempo preciso en que será manifestada. Así Es, Así Es y Así Será".

VII. NUESTRO PODER CREADOR

SOMOS DIOSES EN ACCIÓN

En pleno viaje a Barcelona, el 11 de octubre del 2017, escribí en mi agenda: *"Hoy deseo compartir con todos los seres humanos lo que he aprendido de manera autodidacta, a través de los libros que he leído y de la puesta en práctica de sus ejercicios... Luego de un extenso proceso de aprendizaje, autoconocimiento, evaluación y evolución, he comprobado por mí misma, que aquello que deseamos, aquello que creamos en nuestra mente, nace desde nuestro más recóndito interior y le damos aliento de vida. Si le damos fuerza a través de la expresión manifiesta, escrita y verbal, de lo que deseamos y de lo que nos sentimos merecedoras, esto se nos da".* Y dos meses más tarde de ponerlo en papel, comenzaba a redactar estas páginas.

No cabe duda de que somos creadoras de principio a fin de nuestras experiencias, de nuestros bienes y de nuestras vidas. No hay otra forma, pues todo lo que pensamos y todo lo que se forma en nuestra mente, se vuelve realidad.

Somos hijas de Dios y de un Dios en acción. Somos hechas a SU imagen y semejanza. Nos hemos creado nosotras y hemos creado todo lo que tenemos y vivimos a lo largo de nuestra existencia en este plano físico. Es por eso que debemos ser totalmente conscientes y cuidadosas con nuestras creaciones, con nuestros pensamientos y con nuestras expresiones.

En septiembre del 2000 fui por primera vez a Puerto Rico a un entrenamiento sobre operaciones comerciales, que era el área que manejaba en la institución financiera de Medellín, donde trabajaba. El plan original era permanecer allá por una semana. Sin embargo, luego se extendió el viaje por siete días más. Y la verdad es que, como lo he compartido contigo a través de este libro, quedé enamorada de esa isla. De los recuerdos más vívidos que tengo de toda mi vida están aquellos que me generó aquel lugar, pues nunca había sentido algo similar.

Tan potente fue el impacto o ese "amor a primera vista" con Puerto Rico que cuando regresé a mi rutina en Colombia sentía como si parte importante de mí se hubiese quedado en la Isla del Encanto. Era una sensación muy intensa y extraña.

Recuerdo que aquel lunes, en que me presenté nuevamente a trabajar en mi oficina, mi mejor amiga y consejera Gilma, se acercó a saludarme y antes que pudiera soltarle una sola palabra me dijo: —Me vas a hacer mucha falta cuando te vayas.

Quedé fría con su comentario y de inmediato empecé a llorar desconsoladamente. —No te imaginas lo que sentí en esa isla —le respondí—. Siento que mi cuerpo está aquí, pero mi espíritu se quedó allá.

Luego, Gilma continuó con un trascendental mensaje. —Me lo imaginé. Pues empieza a llamar a tu espíritu. Invócalo e invítalo para que esté contigo y trabajen juntos para lograr irse a Puerto Rico, pero en unidad —me dijo, con absoluta convicción. Y así lo hice.

Primero, realicé el ejercicio de invocación de mi espíritu, para unirlo con la materia y conjugar mi cuerpo físico con mi cuerpo etéreo: *"Yo, Lina Isabel Roldán Giraldo, invoco el espíritu de Lina Isabel Roldán Giraldo para unirlos en armonía, aquí y ahora, y trabajar en (aquí nombras el proyecto o aquello a lo que quieras darle la fuerza de la creación)"*. En mi caso, también realicé diariamente el ejercicio que te compartí en el capítulo sobre abundancia, hablándole al espíritu del presidente del banco, para dejarle saber mis deseos de transferirme a la filial de la isla. Y poco más de un año después, me estaba mudando a San Juan, en armonía. Esto ocurrió una vez que logré unificar mi cuerpo físico con mi espíritu y juntos trabajaron para pedir el cambio.

Te cuento esto porque es uno de los hitos que han marcado mi vida y me han probado que nuestro poder creador es infinito. No lo digo con prepotencia ni soberbia, sino con la absoluta convicción de que somos la presencia absoluta de Dios hecho carne y sangre en nuestros cuerpos.

Durante años y en realidad, durante toda mi vida, había experimentado ese poder creador, aun sin saberlo. Y es que todas lo hacemos, de manera consciente o inconsciente, pues con nuestros pensamientos y nuestras palabras gestamos los sucesos de nuestra vida, lo que nos rodea, atraemos a distintas personas, creamos nuestra situación económica, etc. Pero solemos hacerlo de manera inconsciente, sin control.

Llevaba muchos años leyendo y estudiando de manera autodidacta para sanar mi vida, mis cicatrices y para mejorar todos esos aspectos emocionales que hacían mella en mi vida. Y por aquella época de mi viaje a la isla empecé a leer Osho, *El libro de oro de Saint*

Germain, Las antiguas escuelas de sabiduría y El plan sublime de Ramtha, entre muchos otros, y a darme cuenta de que SOY QUIEN CREA MI FUTURO. Créeme que tomar consciencia de esto ha sido la única clave para lograr todos mis sueños, mi prosperidad económica, mi éxito profesional, mis relaciones deseadas, mis viajes, los lugares donde he vivido, mi mascota ideal, perder peso y cada meta que he visualizado. Este capítulo es, quizás, el más importante que quiero compartir contigo, pues si he podido realizarme como empresaria, como mujer y ser humano, llevando a cabo todos mis anhelos, contra decenas de obstáculos y situaciones que pudieron paralizarme o marcarme un camino completamente distinto, entonces TÚ TAMBIÉN PUEDES HACERLO.

POR QUÉ "YO SOY"?

Si te has dado cuenta, en todas las sugerencias de oración que te he propuesto, siempre invoco la *"Magna Presencia Yo Soy"*. Esta particular forma de referirse a Dios, presente en cada ser humano, fue propuesta en el siglo XVIII por Saint Germain, un Maestro Ascendido y un referente mítico en los libros de metafísica de Conny Méndez, donde comencé mi camino hacia el poder de la creación.

Cuando conocí El libro de oro de Saint Germain, considerado como la mejor referencia para descubrir nuestra propia divinidad, comencé, en efecto, mi mayor transformación. Es un texto pequeño que contiene una serie de enseñanzas y ejercicios concretos de oración que nos ayudan a entender de qué se trata la presencia *Yo Soy* y su uso como decreto para conectar con la divinidad en nosotras y por ende, con la perfección y manifestación en nuestras vidas.

De acuerdo a este libro, todo lo que existe es Dios en acción. Por lo tanto, la vida está dispuesta para ser perfecta. Somos los seres humanos con nuestra ignorancia sobre cómo coordinar y manejar la combinación entre pensamientos y emociones, quienes afectamos o cambiamos los resultados. Crear todo lo bueno requiere el mismo esfuerzo que crear caos, dolor y miseria. Sin embargo, le prestamos más atención a lo negativo, nos quedamos girando en torno a eso como en una rotonda infinita, sin lograr hacer el desvío o movimiento que nos saque de esa inercia. Es decir, TODO lo creado está hecho según el plan original de Dios, con amor, belleza, paz, armonía y opulencia. Así deberíamos vivir todos, sin escasez, enfermedad, guerras, problemas, etc.

Podemos revertir lo caótico y retomar la naturaleza divina, siempre y cuando quitemos los obstáculos que ponemos previamente. Las trabas para crear perfección en nuestra vida las ponemos cada vez que emociones como la tristeza y el enojo o pensamientos de negatividad se apoderan de nuestra mente y los expresamos: "no tengo dinero", "estoy enferma", "estoy cansada", "no tengo tiempo", etc. O aquellos comentarios que hacen referencia a envidia, a rencor, a la rabia por el éxito de otros. Todo esto bloquea y niega la presencia de la divinidad en nosotros. Pero hay que tener la valentía y el coraje para enfrentarlos y modificarlos.

"Yo Soy", en cambio, es la certeza absoluta de Dios. Es el principio y la verdad que nos proporciona libertad, pues es como una puerta abierta que permite que la fuerza divina fluya en nuestra vida. Aplicar estas dos palabras diariamente nos ayuda a crear esa coherencia fundamental entre nuestros pensamientos y lo que sale por nuestra boca.

167

"Yo Soy" es una orden que le damos al universo para que manifieste la energía divina en nosotras. Es como llamar directamente a la inteligencia de Dios para que actúe sobre la incoherencia de nuestras creaciones y "arregle el desorden", creando todo bajo el concepto natural de la divinidad que es la perfección. Si te das cuenta, muchos expertos en metafísica suelen recordarnos que *"si podemos imaginar algo, podemos hacerlo realidad"*. Bueno, tomar consciencia de esta presencia *"Yo Soy"* nos ayuda a manifestar nuestros deseos en el plano físico. De hecho, todo lo que queremos crear existe en nuestra mente, sólo necesita ese impulso que ayude a limpiar la vía de acceso para que pueda fluir.

El libro de oro de Saint Germain no se trata solamente de tomar un texto que nos enseñe un método para convertirnos en creadores de bienes materiales, salud y bienestar, también nos permite elevar nuestra vibración energética y espiritual. En efecto, es lo que debe ocurrirnos antes de poder ejecutar nuestras creaciones. Y entre sus lecciones nos muestra, además, la responsabilidad que implica estas enseñanzas.

Algo muy sencillo que comencé a hacer fue repetirme a diario durante mis tiempos para meditar y realizar afirmaciones frases como: *"Yo Soy Dios en acción", "Yo Soy Vida", "Yo Soy Opulencia", "Yo Soy Paz", "Yo Soy Armonía", "Yo Soy Salud", "Yo Soy Prosperidad", "Yo Soy la resurrección y la vida eterna"... (y todo lo que deseaba en ese momento. Tú puedes poner lo que anhelas en tu vida), manifestados ya"*. Esto ayuda a reafirmar que estás consciente de que tienes a Dios actuando en tu vida y lo aceptas. De hecho, cuando no vemos resultados inmediatos, nos insta a no permitirnos tirar por la borda en un instante de rabia, tristeza o decepción lo que hayamos podido avanzar espiritualmente durante largo tiempo. Para eso, podemos recurrir a: *"Yo Soy Dios en acción, reparando y trabajando en la creación de... (lo que hayas pedido al universo)"*.

Y no pienses que es un ritual extraño, pues no es distinto a lo que Jesús nos planteó cuando dijo: *"Yo Soy la Resurrección y la Vida Eterna"*. Si lo aplicáramos diariamente, conscientes del poder de esta frase, conseguiríamos vivir plenamente y de manera perfecta.

MEDITACIONES Y AFIRMACIONES: LA INVERSIÓN DIARIA MÁS VALIOSA

Créeme que no existe tiempo utilizado de mejor manera que aquel que le dedicas a tu mente y a tu espíritu. Es importante regalarnos CADA DÍA un momento para limpiarnos interiormente, para sacar de nuestra mente todos aquellos pensamientos, ideas y emociones que nos van intoxicando durante la cotidianidad y llenarla de aquellos constructivos, que van a impulsarnos a crecer, a mejorar, a evolucionar y a elevar nuestra vibración. Yo, medito caminando, bailando, en la noche realizando afirmaciones y hablándole a mi espíritu.

La meditación nos permite "vaciar" primero nuestra mente, que todo lo controla, limpiándola y purificándola. Es como cuando decidimos cambiar radicalmente nuestra alimentación para mejorar nuestra salud. Pues antes de comenzar con el nuevo estilo de vida debemos realizar alguna dieta "detox" para sacar de nuestro organismo todo aquello que no sirve. Al meditar calmamos nuestro cuerpo y sus acciones, a través de la respiración, para luego dedicarnos a conseguir ese encuentro con la divinidad de manera completamente íntima, pues la descubrimos en nuestro interior, no como un ente que nos mira desde arriba, ajeno y distante. Es parte nuestra. ¿Habrá otra forma más amorosa de manifestarse? No lo creo.

Cuando leí la *Guía del iniciado para comprender la realidad*, de Ramtha, entendí también la diferencia de buscar a Dios de la manera tradicional, a través de religiones que nos instan a repetir y repetir oraciones que no logramos que calen en nuestro interior. Y esto se debe a que esa forma es en realidad un entendimiento a partir de la interpretación de otras personas y de sus "reglas". Pero en realidad esa divinidad vívida habita en cada uno.

Es tan completo el proceso que creamos con la meditación, que incluso la ciencia ha debido aceptar los múltiples beneficios curativos que genera objetivamente a nuestro cuerpo y a nuestra mente. Al bajar el ritmo cardíaco controlando la respiración eliminamos la enorme carga de estrés que normalmente llevamos a cuestas y que es la puerta directa a las enfermedades. No en vano lo que se conoce actualmente como *"mindfulness"*, cuya base es la meditación, está siendo utilizada para tratamientos posttraumáticos, con enfermos terminales, veteranos de guerra, víctimas de atentados o azotes de la naturaleza, con prisioneros en las cárceles, entre otros. Incluso, hay estudios que mencionan que su uso constante puede reducir en más de un 40% la necesidad de cuidados médicos en las personas y que quienes la practican tienen en promedio unos siete años más de vida. Te puedo asegurar que una vez que entras en este maravilloso mundo de la *Magna Presencia de Dios* en ti te darás cuenta de que la ciencia ha probado apenas la punta del *iceberg*.

Mi idea de meditar es entrar en contacto con nuestro espíritu de manera consciente en cada actividad que realicemos. Es un tiempo para poner a vibrar nuestra alma y dejar que la presencia interior pueda surgir sin problemas. Al hacerlo, logramos sentir realmente a Dios tomando acción en nuestra vida. Por esta razón es importante que los primeros minutos sirvan para "barrer" por completo todas aquellas emociones y pensamientos que nos inquietan, nos preocupan o molestan. De esa forma podemos darle la bienvenida a la *Magna Presencia*.

Utilizo las caminatas con mi adorada Betsy para realizar también mis afirmaciones. Cada vez que paseo con ella, aprovecho ese momento para desconectarme de lo que esté haciendo y del mundo por un rato. Un truco que me ha ayudado mucho es usar las afirmaciones guiadas, ya sea de Louise Hay u otras, ponerme mis audífonos y entregarme al momento. También las hago al acostarme. O incluso, cuando bailo sola. Respiro y siento. Luego le doy emoción a lo que deseo. Mientras me maquillo escucho, por ejemplo, *Un curso de milagros* y voy realizando afirmaciones. De la misma forma las hago después de bañarme, mientras me miro al espejo, al arreglarme o secarme el cabello.

Te sugiero que escojas una meditación o afirmaciones guiadas que duren aproximadamente el tiempo con el que cuentas: 15, 20 o 30 minutos para empezar. Puedes usar la misma durante un periodo (una semana o un mes) o cambiarla constantemente, de acuerdo a cómo te haga sentir. Lo ideal es que sea con una voz que te resulte agradable y te permita entrar en sintonía con tu *"Yo"* interior. Hay algunas para usar por la noche que trabajan incluso mientras duermes, ya que van directamente a tu subconsciente.

171

CUIDANDO LA ENERGÍA

Todos somos energía. Y no lo digo yo, lo han dicho cientos de expertos en física cuántica. Lo que antes se tomaba como un tema de hippies y amantes del yoga, hoy es respetado por los científicos que han podido comprobar de distintas maneras que absolutamente toda masa o sustancia se modifica a través de la energía.

La energía produce vibraciones, las cuales pueden ser positivas o negativas, repercutiendo en la materia, que por supuesto nos incluye. Hay decenas de experimentos realizados con agua, por ejemplo, en los que se ha comprobado cómo al recibir diferentes tipos de mensajes: algunos con ira o con enojo y en cambio, otros con amor o ternura, las muestras de agua modifican completamente su estructura molecular. Esto ocurre porque dependiendo de la vibración que reciben, las moléculas se pueden reparar, brillar, crecer o por el contrario, cuando las vibraciones son negativas, se deterioran y llegan incluso a entrar en estado de descomposición.

Imagina entonces todo lo que pasa "con" nosotras y "en" nosotras de acuerdo a la energía que creamos y la que recibimos. La diferencia ¡es enorme! Por eso debemos ser extremadamente cuidadosas con cada **generador de energía**.

El primero de ellos es **nuestro pensamiento**, ya que emite tal frecuencia hacia el universo, que nos modifica no sólo a nosotras física y emocionalmente, sino que sus repercusiones pueden expandirse a gran distancia. Funcionan igual que las ondas que se crean sobre la superficie de un lago cuando lanzamos una piedra. Lo más mágico y peligroso de todo este proceso, es que de alguna manera, esa frecuencia retorna al punto de origen. Por lo tanto, mientras más positivos y amorosos sean los pensamientos que generamos en nuestra mente, mejores serán los que recibamos de vuelta.

Las palabras son otro generador de energía, ya que surten el mismo efecto, pues el sonido produce frecuencias muy potentes. En Youtube puedes revisar videos increíbles de cómo un chorro de agua modifica completamente su forma al recibir frecuencias de 24 Hz, 23 Hz y 25 Hz. ¡Es impresionante! ¡Parecen trucos! Pero no lo son. Es la reacción de la materia ante las vibraciones acústicas. Por eso, de nuestra boca siempre deben salir palabras hermosas, mensajes optimistas, afirmaciones constructivas y nada de ofensas, críticas ni rumores mal intencionados, porque el impacto que generan es enorme.

La música que escuchamos, las noticias o las películas que vemos también son importantes, pues son parte de esa carga vibratoria que recibimos de acuerdo al mensaje que contienen. Recuerdo que cuando era más joven y rompía con alguna pareja, iba directo a mi arsenal de "canciones cortavena". Me pasaba horas y horas llorando, autodedicándome las más dramáticas, de amores que no fueron. ¿Para qué? Realmente eso no tiene sentido. El drama novelesco y masoquista es un mal que tenemos sobre todo las latinas. Hoy en día, en cambio, cuando siento que estoy un poco "de capa caída", rápidamente prendo la radio y sintonizo aquella que esté con la mejor selección de new age, de música clásica, Enya, Enigma, violines, salsa, merengue o incluso, reggaeton. Seguro estarás pensando ¿cómo puede escuchar eso? Pues confieso que mucha de esa música me pone de buen humor, alguna me relaja, otra me activa y me provoca bailar. No tiene nada de malo. Hay un tiempo y un lugar para todo, dependiendo del momento. Quizás a ti te active la salsa o bien, el pop, el rock... Da igual... De preferencia, busca aquella que te levante anímicamente y te promueva la alegría, la paz y la energía positiva.

Lo mismo ocurre con los programas de **televisión, noticias o películas** que vemos. Todo aquello a lo que prestamos atención se gesta como una realidad, pues se convierte en prácticamente un llamado para que ese tipo de situaciones ocurran. Por ejemplo, los aficionados a las películas de terror y de experiencias paranormales son precisamente las personas que se pasan la vida contando historias extrañas que les suceden. Y seguramente les ocurren, porque es lo que atraen a sus vidas. Hay otros, en cambio, que viven conectados a las noticias y, en general, éstas suelen ser tan negativas, tan caóticas, que nos instan a sentir que el mundo es un lugar triste, violento y plagado de peligro. Yo, por mi parte, evito ver los noticieros. No permito que ese vendaval de historias alarmantes inunde y contamine mi mente.

Tampoco te digo que jamás veas algo crudo, de terror o que no contenga un mensaje positivo. Para nada, pues no podemos ser tan drásticos. Pero, utiliza la misma fuerza y efecto que te provocan las películas de terror, por ejemplo, para crear lo que quieres. Recuerdo que cuando era adolescente, solía leer las novelas de suspenso y horror de Stephen King. ¡Me encantaban! Este autor es tan bueno en ese género, que cuando apagaba la luz de mi cuarto para dormir, debía revisar debajo de la cama para asegurarme de que no hubiera "algo" de lo que él describía. Todo lo que leía en sus historias lo sentía, ¡prácticamente lo vivía!

Esa misma intensidad que generamos con las novelas románticas, películas de terror o cualquier otra fuente que nos genere algún tipo de sentimiento fuerte, debemos usarla para sentir o ver aquello que deseamos. Podemos darle tal fuerza, que al visualizarlo lo sintamos tan real como si ya lo tuviéramos. En ocasiones ni siquiera visualizo las cosas que quiero para no coartar su grandeza, pero lo deseo intensamente, le doy tanta fuerza a ese sentimiento y a ese deseo, que se vuelve realidad.

También **quienes nos rodean** son parte fundamental de la energía que generamos y recibimos. Eso de *"dime con quién andas y te diré quién eres"* tiene más sentido del que imaginas. No quiere decir que seamos iguales a nuestros amigos, compañeros de trabajo o vecinos. Pero de una u otra forma la energía que ellos generan con sus pensamientos, sus palabras y sus conductas interviene en nosotras si la dejamos entrar. ¿Te has dado cuenta que cuando te reúnes con personas que son permanentemente depresivas o chismosas, algo en ti no funciona igual? Puede que no adoptes la misma actitud, pero no te sientes al 100%, como deberías. Esto pude comprobarlo hace años, cuando tenía una vecina que era realmente encantadora conmigo, a la cual le tomé mucho cariño.

Sin embargo, sus conversaciones eran muy tóxicas, con una queja constante, con problemas con todo el mundo y críticas para todos. Cada vez que nos juntábamos, sentía que quedaba drenada, pues me absorbía por completo. Era tanta la energía que debía invertir en intentar que no me traspasara ese malestar suyo, que me agotaba. Finalmente tuve que alejarme para poder limpiarme, pues ella no tenía ninguna intención de cambiar de actitud.

No se trata de ser egoístas, pero sí cuidadosas de nuestro templo y espacio personal. Cuando crecemos espiritualmente, queremos que todo el mundo lo haga y podemos intentarlo. Pero finalmente es una decisión individual. Y debemos honrar el libre albedrío de cada quien, cuidando paralelamente de nuestro bienesta.

175

DISFRUTA LA CREACIÓN DE TU ESPACIO

Cuando comencé los trámites de mi primer divorcio, en febrero del 2000, me quedé viviendo sola en el apartamento que había comprado un par de años antes. Cambié todos los muebles, por unos que eran completamente a mi gusto. Lo decoré en cada rincón, lo llené de velas y todo lo que me provocaba placer.

Puedo confesar que tenía a varios compañeros de trabajo y amigos revoloteando como gallinas al trigo, porque sabían que era una ejecutiva, recién divorciada y que vivía sola. En casos así, de separación o divorcio, nuestro entorno asume que estamos necesitadas de cariño, de compañía y de sexo. Cuando terminamos esos procesos, en general, estamos con el autoestima muy baja y queremos sentirnos bellas, atractivas y empujar nuestra confianza. Nos convertimos en "carne de cañón" para el tipo de hombres que quiere sacar provecho. No es algo completamente malo, sino un proceso natural. A fin de cuentas, somos también nosotras quienes inconscientemente atraemos a estos personajes. Es una situación que se genera por el comportamiento de dos personas que conectan y de alguna manera, se necesitan.

En ese instante de mi vida, sin embargo, decidí encerrarme en mi guarida. Vivía en mi apartamento a mis anchas... Podía "rumbear", poner música a mi antojo, dormir a la hora que quisiera, hacer y deshacer. Y es que por primera vez en la vida tenía "mi espacio": sin papá, sin mamá, sin marido, sin novio, sin nadie a quien rendir cuentas. Los viernes, contrario a salir de fiesta, terminaba mi trabajo y corría a mi casa a realizar mi ritual de limpieza: **Descorchaba una botella de vino, encendía mis velas, inciensos, música, bailaba por todo el lugar, me bañaba en agua tibia durante horas. Me acariciaba, me disfrutaba... Me ponía aceites en el cuerpo y agradecía por ese momento mágico. Era un ritual que me permitía ser feliz con mi espacio. Y en ese lugar que era todo mío, empezaba a crear.**

Cuando estás afuera, con otras personas, se genera otro tipo de energía, pues das y recibes. Momentos a solas, en un sitio que sientes tuyo, son un regalo para ti, en los cuales concentras tu energía y, por ende, tus propósitos. Fortaleces tu aura y eso es un buen principio para hacer un cambio contundente en tu vida.

Tu hogar, tu oficina o los lugares que frecuentas también deben ser sitios que emanen buena energía. Para eso necesitan estar organizados y bien cuidados. No se trata de lujos, sino de evitar el caos. Tu espacio puede ser el lugar más sencillo, pero limpio, que huela bien, donde todo tenga su lugar. Por eso existe un arte tan ancestral como el Feng Shui. Esta disciplina china muestra precisamente como todo en nuestro ambiente debe estar en armonía con el universo para ayudarnos a recibir lo mejor de éste. Somos un todo y como tal, nuestras vibraciones están interconectadas.

NO INTENTES BORRAR EL PASADO

No tiene sentido intentar eliminar de nosotras las experiencias que nos han marcado, nos han dolido o que no han salido como esperábamos. Ni siquiera debemos detenernos a darle demasiadas vueltas. Toda imperfección de nuestra historia personal tiene una razón de ser, ya pasó y por eso, la debemos soltar. Cuando nos pasamos años intentado borrar algo específico de nuestros recuerdos, arrepintiéndonos de que ocurriera o recordándolo insistentemente, es como si estuviéramos aferradas a esto. Podemos gritarle a los cuatro vientos que se vaya, pero nuestra alma lo que realmente muestra es que lo tenemos abrazado sin dejarlo partir.

A medida que entramos en este camino espiritual vamos entendiendo que todo, absolutamente todo lo que nos sucede es producto de esa conexión **pensamiento-emoción-expresión**. Nuestro cuerpo, por ejemplo, está hecho para ser perfecto, como Dios y todo lo creado. Pero nos vamos aferrando al resentimiento, al enojo, la impotencia que nos produce el no poder controlar a los demás, a nuestro entorno y nos vamos poniendo rígidos, deteriorando órganos, tejidos, acumulando toxinas y grasa, etc.

En ocasiones, nos involucramos en un negocio y nos va mal, perdemos la inversión, nos estafan o algo sucede que quebramos. Pero esto no es por "culpa" de alguien, sino nuestra "responsabilidad".

Puede que estemos leyendo y buscando aprender a obtener abundancia, pero no hemos logrado estar en armonía con nuestras emociones. Quizás intentamos crear la prosperidad pero desde el rincón equivocado, desde el ego, por venganza, por imponernos sobre otros o para lucirnos.

Olvida. Perdona. Luego, disfruta la manifestación de Dios en tu vida, porque el perdonar es un acto puramente divino. Es decir, haces uso de tu capacidad de deidad.

"LIMPIA" TUS EMOCIONES

Cuando no controlamos nuestro mundo interior, destruimos todo, lo nuestro y lo de quienes nos rodean. Por eso es imprescindible "limpiar" las emociones y dejar que nos sincronicemos con las correctas.

De acuerdo a la neurociencia, cuando te enojas, a medida que la parte emocional de tu cerebro se activa, la parte analítica o pensante disminuye su actividad. Por eso, cada vez que nos molestamos y algo nos saca de nuestras casillas, explotamos o decimos cosas sin sentido, se genera daño y a veces, irreparable. Las explosiones de ira o tristeza descontrolada nos convierten en problemas sociales porque en cualquier momento podemos ocasionar una situación desproporcionada. La mayoría de las personas que tienden a ser explosivas intentan justificarse diciendo que su carácter es fuerte. Sin embargo, en realidad es uno débil, descontrolado e inmanejable.

Tenemos todas las herramientas para sacar lo mejor de nosotras. A través de nuestro vocabulario, nuestras acciones y reacciones demostramos nuestro nivel intelectual y emocional. En realidad, un carácter fuerte es uno con dominio absoluto, capaz de expresarse de la mejor manera e interactuar con otros, aun cuando no tengan la misma opinión. Una persona así siempre será bienvenida en cualquier ambiente, valorada y querida, pues es un aporte y no un problema.

Antes de reaccionar frente a una situación que te molesta o te genera el impulso de explotar, respira por unos minutos. Deja que el aire circule y limpie tu mente, aquiete tu espíritu para traerte la paz y serenidad que requieres. Repite: **"Yo Soy la Sabiduría que sabe manejar esta situación y no permito que la situación me controle a mí"**.

ALEJA EL MIEDO DE TI

Durante los primeros meses que viví en Puerto Rico, hice una de las cosas más ridículas, motivada simplemente por miedo a lo desconocido. No importaba en cuál punto de la isla estuviera, para llegar a mi casa, me iba siempre desde el Viejo San Juan, porque era la única ruta que conocía. Es decir, en ocasiones estaba a sólo minutos de mi hogar, al otro extremo del área turística, pero no intentaba regresar desde ahí. Entonces, manejaba hasta el Viejo San Juan y acababa dando vueltas durante horas... Sólo por miedo a caer en algún sitio equivocado. ¡Era absurdo! Puerto Rico tiene cien millas de este a oeste y unas cuarenta millas de norte a sur... Además, ¡es una isla, de la cual no podía salir en automóvil! Si me perdía, no llegaría tan lejos. Pero los miedos, las inseguridades nos vuelven cobardes, especialmente cuando nos sentimos solas y vulnerables ante lo desconocido.

Otro momento de pavor que experimenté fue durante mi primer viaje de vacaciones a Colombia desde Puerto Rico. Como te he contado anteriormente, acababan de despedirme y yo, de asumir compromisos de renta y tarjetas. No sabía cómo iba a responder ante las responsabilidades, ni cómo iba a solucionar lo de mi situación legal en el país. Ese viaje a mi tierra se convirtió en una tortura. Estaba poseída por el pánico. Vomitaba del terror y no logré probar bocado durante tres terribles días. Aunque José, que era mi novio en ese momento, intentaba tranquilizarme, todo me pasaba por la mente como si fuera una película. Ha sido una de las experiencias más pavorosas y fuertes que he vivido.

El miedo nos paraliza. Nos detiene y confunde. Nos vuelve cobardes, haciendo que evitemos tomar riesgos, crecer y disfrutar de la vida, presas del temor al error, al enemigo, a perder o a la muerte. Nos cuesta entender que si al menos nos damos la oportunidad de pasar sobre nuestros miedos podemos experimentar algo maravilloso. Es simplemente darnos el beneficio de la duda. Nadie se muere en la víspera y uno vive lo que tiene que vivir. Y he aprendido muy bien esa lección.

Te he contado que soy una amante de los viajes y la aventura. Muchas veces he planificado mis travesías a lugares que están bajo aviso de peligro por terrorismo, desastres naturales u otros. Mi familia y amigos me han querido esconder los boletos de avión con tal de que no cometa la locura de embarcarme. Pero aprendí que si he pedido al universo ese regalo maravilloso, en armonía con todo y éste me lo ha concedido, entonces, ¿a qué debo temer? ¿Por qué perder la oportunidad de vivir una experiencia espectacular?

¿No es mejor dedicarnos a la tarea de confiar en nosotras y en los que nos rodean? Si somos parte de un equipo, ¿por qué no darles el voto de confianza y tomar el riesgo? ¿O a nuestra pareja? Incluso, si estamos navegando a solas, ¿por qué no confiar en nuestras decisiones? Lo peor que puede sucedernos es que no funcione, pero nunca será un "fracaso" sino un intento fallido. ¡Y no pasa nada! Vendrán nuevas oportunidades, y ante ésas contamos con la experiencia y el impulso que nos da el habernos arriesgado anteriormente.

En lugar de entrar en pánico, RESPIRA. Cuando lo hacemos nos llenamos de vida, nos oxigenamos, volvemos a pensar sensatamente para pedirle al universo que nos guíe y nos envíe lo que necesitamos

A VECES NUESTRAS PROPIAS CREACIONES NOS ASUSTAN

Cuando mi amiga Gilma me propuso que unificara primero mi espíritu con mi cuerpo para comenzar a pedir mi traslado a Puerto Rico, fue precisamente ése el trabajo que hice durante meses en mis meditaciones. Quizás no te hayas percatado y también necesites hacer el ejercicio que te compartí anteriormente, ya que la mayoría de los migrantes vivimos esto. Nos mudamos de país, obligados o por elección, buscando mejores oportunidades, pero nuestros espíritus se quedan en el lugar de origen. Vivimos disociados y esto nos impide crecer verdaderamente.

Como te conté, para conseguir mi objetivo del traslado a la isla, empecé a llamar a mi espíritu y a realizar ejercicios de respiración cada noche. Luego, le pedía al universo que me enviara a ese destino. Recuerdo que incluso me compré un mapa de Puerto Rico. Lo habría cada día y ponía los costos de los apartamentos que encontraba en los sitios de bienes raíces. Pegaba además notas con fotos de algunos lugares que estaban en alquiler y que me gustaban.

Hasta entonces nadie en mi trabajo había comentado siquiera la posibilidad de un traslado o una posición nueva en San Juan. Pero seguía en mi silenciosa e íntima labor. Un año después de comenzar todo ese proceso de creación, mi jefa me llamó a su oficina. —¿Te gustaría irte a Puerto Rico a trabajar como jefa administrativa y comercial? —me preguntó.

La creación estaba hecha. Sin embargo, una vez allá comencé a cuestionarme si había tomado una buena decisión. Hubo momentos en que me sentí sola, desesperada, angustiada y con pánico a lo que venía.
No entendía por qué, si lo había pedido en armonía con el universo, estaba en tal estado de ansiedad. Y es que a veces nos sucede que nuestras propias creaciones nos sorprenden. Estamos tan desacostumbradas a que se cumplan, a confiar en la generosidad de la Magna Presencia de Dios en nosotras que dudamos.

Si realmente confiamos en que la Magna Presencia y el universo están en control, ejecutando la acción que necesitamos, todo fluye y cualquier proyecto es exitoso.

DEVOLVER AMOR AL UNIVERSO

En aquella época en que vivía sola en mi apartamento de Medellín, como me concentré en disfrutarme y crear para mí, armé mi rutina semanal. Después de trabajar toda la semana, los viernes por la noche me regalaba mi ritual de "consentimiento personal". Los sábados practicaba yoga y meditación. Mientras que los domingos los dedicaba a devolver amor al universo.

Te estarás preguntando ¿cómo es esto? Bueno, esos días estaban destinados a la Casita de Nicolás, un lugar de transición de niños y recién nacidos mientras están en proceso de adopción. En lugares como ése, durante los días laborales hay un número considerable de enfermeras que se encargan del cuidado de los más pequeñitos, pero no sucede lo mismo los fines de semana. Entonces, cada domingo lo dedicaba a cuidar bebés en la sala de neonatos o bebés que nacen antes de tiempo.

Una sola enfermera debía atender entre diez a doce niños, dándoles medicina, biberones, cambiando pañales y todo lo que necesitan esos pequeñitos que están extremadamente frágiles. Es tanto el trabajo, que no tienen tiempo para abrazarlos, acariciarlos y brindarles un poco de amor que es lo que más necesitan en un periodo de tanta vulnerabilidad. Además, la mayoría es producto del maltrato, del abuso, de madres y padres drogadictos, por lo que muchos nacen con problemas graves de salud. Niños que ya desde el vientre han sido rechazados y dados para adopción. O que han sido retirados de sus familias porque son víctimas de violencia y negligencia.

183

Mi contextura grande me permitía cargar dos bebés al tiempo. Los tomaba, los acariciaba y se quedaban plácidamente dormidos, sintiendo que eran acogidos y amados por alguien.

Y es que un paso importante para la creación en nuestra vida es la ofrenda y la más importante de todas: la del amor. Debemos devolver al mundo una cuota importante del sentimiento más noble y elevado de todos. Muchas veces podemos y debemos ofrecer de nuestras ganancias, pues también es una manera de devolver al universo parte de lo que recibimos, pero eso no nos redime de ofrecer amor de regreso. Y este sentimiento se entrega ofreciendo nuestro tiempo, dedicación y cuidados.

Muchas personas cuando son bendecidas con bienes materiales y comienzan a llenarse también de compromisos, suelen escudarse contratando los servicios de terceros para que cuiden, quieran y protejan a quienes lo necesitan. Para eso aportan dinero a organizaciones de protección a animales, huérfanos, personas con escasos recursos económicos o a quienes estimen conveniente apoyar. Y es excelente idea, pero es una cara de la moneda, la otra debemos realizarla nosotras. No es lo mismo ofrecer una caricia y un abrazo que pagarle a alguien para que lo haga en nuestro nombre. ¿No crees? Además, sanamos muchísimo más cuando damos amor, tiempo y cariño.

Es también una manera de compensarle al mundo la energía y amor que no logramos trabajar. Y es lo que sentía que debía hacer para sanar mi parte maternal que no había podido llevar adelante. Desde muy joven decidí no ser madre, pues no me sentí nunca con la capacidad de llevar a cabo esa responsabilidad y compromiso que es para toda la vida. Sin embargo, en una ocasión quedé embarazada, pero con poco más de dos meses lo perdí. Aunque no estaba en mis planes, cuando me enteré lo amé y deseé con toda el alma. Y si eres madre o has experimentado lo mismo, sabes que es un sentimiento que nos queda para siempre arraigado en nuestro interior. Sentimos que de alguna manera nuestro ser interrumpió esa vida en camino y debemos compensarlo para curar nuestro corazón herido.

Ir semanalmente a este centro de niños era una manera de compensarme y compensar al universo tras no haber logrado mantener esa vida latiendo dentro mío y de sanar emocionalmente. El poder que tiene realizar una actividad como ésta es tan inmenso, pues se convierte en una relación simbiótica, en la que finalmente nosotras salimos ganando, pues te aseguro que el cariño y cuidado que les damos a esos seres es mínimo comparado con el que ellos brindan a través de esos minúsculos cuerpecitos.

A través de ese proceso de amor y de las lecturas, meditaciones y aprendizaje en general, fui entendiendo que el hecho de que aquel embarazo no haya llegado a buen término también tuvo un propósito en mi vida. Quizás fue precisamente para que en la búsqueda de sanar el alma pudiera brindar esas toneladas de amor a esos bebés, rechazados y atormentados.

La Magna Presencia que todo lo sabe, supo poner las circunstancias para que un episodio que pudo ser traumático, tomara sentido y yo entendiera cómo sanar y darle un propósito. De hecho, toda esa etapa en que me dediqué a mi crecimiento espiritual, incluido el trabajo con los niños de La Casita de Nicolás fue una pausa en mi agitada vida que cambió el rumbo en todo sentido para poder llegar hoy a compartir estas líneas contigo.

185

EL DON DE LA GRATITUD

La primera vez que leí que para experimentar la prosperidad en mi vida y crear mi futuro de acuerdo a mis necesidades y gustos debía agradecer por adelantado, pensé que era una exageración. Me impactó todavía más cuando me encontré con lecciones que me enseñaban a mostrar mi gratitud incluso a aquellas personas que han sido una pesadilla, un dolor profundo que me ha arrancado ríos de lágrimas. "¡Que ejercicio tan pavoroso, casi masoquista!", pensaba. Pero es completamente real y efectivo, pues el agradecimiento es clave en nuestro camino espiritual y por ende, en la creación de lo que queremos.

Agradecer aumenta nuestra frecuencia vibratoria positiva. De hecho, se dice que la gratitud honesta genera la más alta y sagrada de las vibraciones. Por eso no sólo debemos agradecer lo bueno y las bendiciones que recibimos, sino incluso aquellas experiencias que consideramos negativas. Esto, porque la potente vibración que genera, logra erradicar por completo el dolor que podemos arrastrar del pasado.

Cambiar las quejas que tenemos sobre nuestro trabajo, algunos miembros de la familia, nuestra pareja, el comportamiento de los hijos, vecinos que molestan, amigos que actúan más como enemigos, el tráfico que nos toca soportar cada día, el lápiz labial que se rompe, el clima que nos desagrada o cualquier situación que nos molesta. Y en cambio, agradecer cada día por el hogar que tenemos, por el techo que nos cobija, que estamos acompañadas o por el hecho de tener libertad de acción, por el sol maravilloso que salió o por la lluvia que bendice la tierra, porque tenemos un trabajo que nos dignifica o estamos en busca de una nueva oportunidad laboral, por la comida que diariamente nos llevamos a la boca... ¡Por respirar! Que es vital y lo más importante. Hay tanto para agradecer y ese cambio de paradigma, de enfocarnos en la bendición, por más escueta que sea y no en la carencia, en el "vaso medio lleno" y no en el "medio vacío", nos cambia la vida.

Y es que al realizar el sencillo gesto de agradecimiento diariamente y, de preferencia, por la mañana, generamos una vibración tan positiva, que comenzamos a funcionar el resto del día en la misma frecuencia, atrayendo personas, situaciones y cosas similares hacia nosotras. El mismo ejercicio lo puedes realizar antes de dormir, dejando tu cuerpo, tu mente y tu espíritu en sintonía con lo mejor del universo, para que siga creando maravillas mientras descansas y te repones.

Si eres capaz de manifestar el agradecimiento genuino, así sea en las pequeñas conquistas y en detalles mínimos que pueden pasar inadvertidos, podrás manejarte y actuar cuando la abundancia y la prosperidad rebasen tu vida. Es la "prueba" que debemos pasar para demostrar si es el ego quien solicita un deseo o es nuestro ser, preparado para la victoria. El agradecimiento es sin lugar a dudas, la llave maestra para abrir las grandes puertas de la abundancia.

EN ARMONÍA CON EL UNIVERSO

Cuando vi que las cosas no estaban funcionando con mi primer esposo y no había manera de repararlas, sentí que era el momento de decir adiós. Sin embargo, no quería lastimarlo ni generar una situación incómoda. Habíamos tenido buenos momentos y quería honrarlos. Mi manera de pedirle al universo y a la Magna Presencia de Dios en mí su ayuda fue afirmando que Él conocía mi necesidad, y por lo mismo, necesitaba que me ayudara a reparar esa situación. Pero no exclusivamente en mi beneficio, sino **en armonía con todo el univers**o. Y así sucedió.

Meses después de hablar del tema de separarnos y de comenzar los trámites de divorcio, mi esposo acudió a unos seminarios de apoyo emocional y religioso. Allí conoció a la persona que hoy es su esposa y madre de su hija, con la cual tenía los mismos intereses, una formación similar y una fe en común. Entonces, fue él quien me pidió no sólo acelerar el divorcio sino tramitar además la nulidad, para poder casarse por la iglesia. ¡Parecía un verdadero milagro! Y en realidad lo fue, pues ambos quedamos en paz, con nuevos sueños y nuevos proyectos. No fue un proceso doloroso, pues sus ilusiones ya estaban en otra persona, lo cual ayudó muchísimo.

De eso se trata el pedir **"nuestras creaciones en armonía con el universo"** y fue una de las primeras lecciones que aprendí de El libro de oro de Saint Germain. Pues, puede ser que estemos actuando desde nuestro ser, en sintonía con la parte más sublime que tenemos, en todo nuestro derecho y sintiéndonos merecedoras de recibir ese regalo que anhelamos, pero no necesariamente lo que pedimos hace felices a quienes nos rodean. Por ejemplo, puede que quieras crear el trabajo ideal, lo cual implica renunciar al que tienes y dejar una plaza vacía que complique a tus compañeros de labores o deje de servir a quienes dependen de los beneficios de la gestión que realizas. Al pedir ese cambio de trabajo "en armonía con todo el universo", en cambio, no sólo llegará en el tiempo perfecto para ti, sino que cumplirá todos tus requisitos y será en concordancia con la persona precisa para ocupar tu lugar, quien además, lo estará necesitando, o bien, ocurrirá en el momento en que la compañía cierra esa plaza, pero sin dejar daños colaterales en el proceso. He ahí la magia de esta frase: **"De manera perfecta, bajo la Gracia Divina y en Armonía con el Universo".**

Recuerda siempre que somos parte de un TODO. Lo que te sucede a ti, repercute en otros, en el ambiente, en el planeta completo de una u otra forma. Cada acto del que somos parte funciona como pieza de un dominó ubicada paralelamente una tras la otra. Al caer la primera, todas las demás sucumben una a una, arrastradas por la anterior. Es inevitable. Por esto, debemos tomar consciencia y hacer lo mejor posible, en armonía con nuestro entorno, para que aquello que fluya, sea de bendición para todos y parte de una creación más amplia y sublime.

NO HAY MAL QUE POR BIEN NO VENGA

Gran parte de nuestra "mala racha" o desventura creadora se debe a la ceguera que tenemos frente a los hechos y situaciones que nos ocurren. Sé que no es fácil pensar "esto que me pasa es por mi bien", "en algún momento entenderé por qué lo estoy pasando tan mal" o "no importa, ya viene algo mejor". Me consta que cuando parece que la vida se ensaña con nosotras porque todo parece ir en nuestra contra, lo que menos podemos imaginar es que hay algo superior que está moviendo los hilos a nuestro favor, por "salvarnos" de algo. Pero así es.

Las bendiciones a veces nos llegan en abundancia de la manera en que quizás no queríamos, pero finalmente nos despierta un potencial desconocido hasta ese momento. Leí hace un tiempo la historia de Janine Shepherd. En su juventud era una de las grandes promesas del ciclismo en su país, Australia. De hecho, todo indicaba que sería una de las deportistas que estaría en el podio, luciendo una medalla olímpica en los juegos de Calgary, de 1988. Sin embargo, dos años antes, en uno de sus entrenamientos de rutina, sufrió un gravísimo accidente. Un camión la atropelló, dejándole lesiones en la clavícula, las costillas, la espalda, un brazo y una pierna, además de heridas en órganos vitales.

A sus 24 años casi pierde la vida. Sobrevivir fue su primer milagro. Y de ahí en adelante, acabó con todos los nefastos pronósticos que la ciencia le dio. Le aseguraron que no volvería a caminar, que no podría tener hijos y menos a volver a ser una deportista de elite. Echó por tierra todo lo que le dijeron. Su mente y su espíritu continuaron creando más allá de todas las posibilidades. No sólo caminó, se convirtió en madre y volvió a competir en torneos paraolímpicos, sino que además, se graduó como piloto de aviones comerciales y privados, como instructora de vuelos, es también conferencista y escritora. Su historia ha transformado más vidas que las que seguramente hubiera tocado como una medallista olímpica.

El título del libro *Nunca me digas nunca,* de Janine, es lo que debemos decirnos a diario ante la posibilidad de crear la vida que soñamos. No hay traba ni obstáculo que nos bloquee. Puede ser que el plan original, el "modo perfecto" según nuestros parámetros, se haya tergiversado, pero eso no implica que la vida tenga un sinfín de oportunidades para nosotros. Si algo ocurrió que deterioró o cambió por completo el camino, agradécelo, pues ten por seguro que de esa manera no estarías ni al uno por ciento de tus posibilidades.

190

EL PODER DEL MOMENTO PRESENTE

Es en el *"ahora"*, con todo lo vivido, con todo aquello que sucedió, contra todas las posibilidades que comienzan las mejores oportunidades, que vienen las grandes bendiciones y se inicia tu mejor momento.

Cuando tomé entre mis manos el libro *El poder del ahora,* fue un instante místico. Cada página que abría era como escrita para mí. ¡Encontraba respuestas para preguntas que me había hecho durante toda la vida!

Entre esas lecciones que aparecían estaba la importancia de conectar realmente con nuestro presente para poder crear. ¿Qué significa esto? Que la mayor parte del tiempo estamos disociadas entre cuerpo y espíritu. ¿Recuerdas lo que te comenté que me su-

cedió tras conocer Puerto Rico? Quedé tan impactada y enamorada
de la isla, que al regresar a Medellín, sentía que había vuelto sólo
una parte de mí. El resto, permanecía en la Isla del Encanto. Esto
nos sucede constantemente. Es muy común, en especial cuando
dejamos nuestro país de origen, cuando terminamos una relación
o cambiamos de trabajo, por ejemplo. Parte nuestra se queda con
nuestra familia, nuestro pasado, nuestras raíces, con la otra persona o en el antiguo lugar. Y nunca logramos avanzar ni dar el ciento
por ciento donde estamos, pues vivimos "con un pie aquí y el otro
allá", pero es realmente la disociación con nuestra alma. Lo hacemos también cuando no tomamos consciencia de este "caparazón"
que ocupamos en la actualidad, del cuerpo físico que nos ha tocado
usar en esta vida.

Para crear, debemos estar conscientes del momento en todo sentido y para eso, tenemos que trabajarlo. Una vez que lo hacemos,
comenzamos a ver de inmediato los resultados, pues mejora nuestra salud, tanto física como emocional. De hecho, se eleva nuestro
sistema inmune, puesto que se despierta cada célula de nuestro ser,
fortaleciéndose. Ese mismo proceso ocurre a nivel psíquico, prote-
giéndonos del contagio de "virus" negativos de otras personas, de
sus malas energías, que pueden llegar a ser tanto o más peligrosas
que las enfermedades físicas o las bacterias.

191

Nuestro poder creador es tan amplio, ilimitado, que podemos mejorar incluso nuestra apariencia y hasta rejuvenecernos. ¡Claro que
sí! De hecho, si buscas información sobre Saint Germain, verás que
uno de los grandes misterios alrededor suyo era su edad. Nunca se
pudo comprobar. Había datos que lo situaban en hechos ocurridos
mucho antes de la edad que representaba y solía decir que era muy
viejo, más de lo que todos imaginaban. Y no es un caso aislado. Mu-

chísimas personas que trabajan en buscar la Magna Presencia de Dios en sus vidas a diario, meditan y han tomado real consciencia de su ser, parecen detener el paso del tiempo sobre ellas. Y es que mientras nuestro cuerpo físico sufre el deterioro, nuestro cuerpo espiritual se mantiene intacto a través de los años. Y cuando logramos conectarnos más hacia nuestro interior, se logra también la armonía entre ambos, pues vibran al unísono.

De la misma manera podemos crear belleza y armonía en nuestra forma corporal. No en vano, una de las creaciones que me propuse el mismo día que comencé a crear el apartamento perfecto para mí y Betsy, frente al mar, fue el de moldear mi cuerpo y rebajar treinta libras. Y por supuesto, que esa creación fue lograda.

192

Somos dioses en acción y como tales, tenemos toda la capacidad de diseñar la vida soñada en cada aspecto que la forma. Sin excepciones.

DEJA IR LO QUE YA NO ES PARTE DE TI

Es quizás uno de los pasos más complejos dentro de los requerimientos para crear la vida que queremos. El apego, como lo comentaba al principio, es un vicio obstinado, que nos atrapa entre sus tentáculos.

Para comenzar, es vital aprender a dejar ir lo material que ya no nos sirve. Acumular objetos y bienes no es señal de prosperidad. ¡Para nada! La abundancia no se mide en "cosas". Ése es un concepto equivocado. Muchas personas se llenan de tantos objetos, que las paraliza por miedo a perderlos, a que les roben. Y ese miedo, las mantiene atadas a lugares y a bienes, impidiendo que disfruten de la abundancia del mundo, de nuevas experiencias, de viajes, de aventuras y de conocimientos.

Aprender a deshacernos de aquello que ya no necesitamos es un ejercicio de seguridad, de confianza, de certeza absoluta en la generosidad del universo. ¿A qué temerle? Si siempre seremos colmadas de aquello que logramos crear con el poder de la Magna Presencia de Dios.

Pero ese desprendimiento no es sólo material. También debemos aprender a realizarlo con personas, en especial, aquellas que ya cumplieron su ciclo en nuestro camino, las que no resuenan con nuestra frecuencia y aquellas que nuestro interior nos indica que debemos alejar de nuestra aura. Y no es fácil. Los padres y madres muchas veces deben aprender a desprenderse de sus hijos, a quienes han mantenido prácticamente "atados" a ellos durante una vida entera. El miedo a que les suceda algo, la sobreprotección, se confunde con el amor. Pero al aprender a "amar" de verdad, podemos entender que el "soltar con amor" se puede y es magnífico, pues es la manifestación del amor total.

193

Y aunque no lo creas, nuestras mascotas también nos generan un vínculo que es difícil soltar. En ese paso estoy yo... Lo confieso. Betsy, más que mi amiga fiel, es mi compañera, ¡la relación más estable y larga que he tenido en la vida! También es una de las primeras creaciones que tuve consciencia de realizar.

Así como desde muy joven decidí que no quería ser madre, tenía muy claro que los perros y yo tenemos una afinidad especial. Siempre quise tener uno, pero no se había dado la oportunidad.

Un día de comienzos del 2006, cuando vivía en Puerto Rico, mi segundo esposo, José, llegó a casa con un perrito callejero que había encontrado herido. Un automóvil lo había atropellado y estaba bastante mal. De inmediato volqué todo mi amor y preocupación en esa criatura para tratar de recuperarla. Y me encargué de sus tratamientos y visitas al veterinario para revisarle la fractura.

En una de sus revisiones de rutina, mientras esperábamos su turno, vi a una chica acompañada de una cachorra *Golden Retriever* que me enloqueció. Realmente ¡me encantó! Y pensé en lo hermoso que sería tener una perrita así. Sin embargo, fue un hecho trivial que no pasó de un pensamiento y un deseo profundo, que ni siquiera le comenté a José.

Al cabo de unos meses, el 6 de mayo del 2006, sorpresivamente mi esposo llegó con una cachorra Golden Retriever de dos meses. Sin decirme una palabra, ese día había ido a buscar otro perro para nosotros. Alguien que conocía tenía dos hembras que habían dado a luz y partió de inmediato a escoger el nuestro entre los recién nacidos.

Todos esos perritos saltaban y brincaban a su alrededor, pero había una que se le pegó al pantalón, como abrazándolo. Cuando decidió tomarla, ella se fue hasta su cuello. Y ese gesto lo ayudó a decidirse de inmediato: —"Ésta es"—. Era Betsy, mi Betsy, la misma que me cambió la vida.

Juntas hemos recorrido el mundo y vivido mil aventuras. Desde entonces se mudó conmigo a cada sitio donde he vivido por los últimos doce años, desde San Juan a Kentucky, luego a Toronto y finalmente a Miami. Y ha sido mi amiga, confidente y apoyo en los días de risas y en las noches nostálgicas. Un nexo tan profundo como difícil de explicar. Es única.

Por su edad, paulatinamente se le dificulta más caminar y sus sentidos se van deteriorando, pero sigue regalándome sus trucos, su compañía y la posibilidad de crear lazos con nuevos amigos que conocemos a diario en nuestras caminatas.

Mi mayor deseo es que disfrute cada día lo más feliz, apacible y cómoda posible. Por eso pedí al universo el lugar preciso donde vivir, para que se sienta amada por todos y me consta que lo es. Es la niña consentida del vecindario.

No puedes imaginar cómo me preparo para el momento en que deba dejarla partir. Pensarlo me provoca un nudo en la garganta y un dolor inmenso en el pecho. Pero sé que inevitablemente, pronto tendremos que separarnos de este plano terrenal por un tiempo. Y aunque pienses que exagero, es y será mi más grande ejercicio de desapego y desprendimiento vivido hasta la fecha. Sin embargo, sé que cada una de nosotras debe soltar en algún momento lo que más ama, de vuelta al universo. Hagámoslo con la certeza de que es parte del proceso creador, que seguirá su curso y seguiremos creando.

ESTAMOS AL FILO DE LA NAVAJA

Cuando comencé a leer *Guía del iniciado para comprender la realidad*, de Ramtha, aprendí que una vez que se comienza este camino hay que mantenerse en movimiento para no decaer. Si nos reducimos a los planos vibratorios inferiores, dejamos de crear perfección y todos los dones. Es como bajar de nivel. ¡Es obvio!

Si esto ocurre, debemos ser honestas con nosotras mismas. Entender por qué nos comportamos de cierta manera, qué debemos sanar y qué hay dentro nuestro que nos lleva a esto. A veces existe una persona, que ya ha realizado su propio trabajo interior, que nos impulsa. Ella, con mucho amor nos lleva a hacer el ejercicio de confrontar lo que sentimos, lo que vivimos y los pasos necesarios para entender para qué sucede todo, que podamos entenderlo y sanar. En mi caso, mi amiga Gilma muchas veces ha cumplido ese rol. En otras ocasiones, somos nosotras mismas quienes debemos hacer la tarea.

Es un trabajo constante, permanente. No creas que hoy, que tengo todo lo que he querido crear en mi vida ya puedo quedarme tranquila. No es así. También tengo momentos en que alguna duda salta a mi mente, me siento confundida, algo me genera ruido interior o simplemente me molesta. Como tú, soy humana y estoy lejos de la perfección. La única diferencia es que cada vez que algo así me sucede, de inmediato me centro en lo importante. Respiro profundamente, me vuelco hacia mi interior y tomo consciencia de lo que está pasándome para comprender por qué está sucediendo, qué debo aprender y cómo puedo asimilarlo para trascenderlo.

Las opciones a un mal pensamiento, a un malestar, a un incidente, a alguien que quiere confrontación o a cualquier situación que sentimos cargada de negatividad siempre son: darle poder, concentrándonos en ésta o neutralizarla, acudiendo al Yo Soy, a la divinidad presente en nosotras, para mutarla por energía positiva. Y esto es un trabajo diario, 24 horas al día.

Cuando dejamos de prepararnos, de crecer espiritualmente, siempre llega algo que intenta desequilibrarnos. No podemos dejar de buscar la Magna Presencia de Dios. Vivimos al filo de la navaja... En el vértice entre el bien y el mal, el positivismo y negativismo, lo blanco y lo negro, la armonía y el caos, entre nuestro poder creador o el destructor. La decisión es nuestra.

EJERCICIOS, RITUALES Y LECTURAS SUGERIDAS PARA CREAR EL FUTURO

Lecturas y videos

★ *El libro de oro de Saint Germain.* Tal como de mencioné en el capítulo, este pequeño, pero poderoso librito del Maestro Ascendido es una herramienta fundamental para entender en profundidad los *Lineamientos Divino*s y utilizar la Presencia *Yo Soy*. Te proporcionará las claves para gobernar tu energía, de manera que logres vibrar en armonía con la prosperidad, abundancia y opulencia del universo y crear perfección en cada aspecto de tu vida.

Te recomiendo que ya sea que lo compres digital o impreso, puedas subrayarlo, destacarlo y usarlo como recordatorio cada día. Leerlo completo te permite un primer acercamiento, pero es un texto para tener en la mesita de noche o sobre el escritorio, de manera que puedas revisarlo constantemente. Anota cualquier idea o duda que venga a ti mientras estás usándolo. De igual forma anota tus afirmaciones, propósitos y creaciones que nazcan durante este proceso. Ésa es la clave. Te aseguro que entre sus páginas encontrarás las palabras precisas para cada necesidad que tengas, desde monetarias a creaciones de salud o belleza. Te sorprenderá.

También te recomiendo que busques en *Youtube* las meditaciones de *El libro de oro de Saint Germain* o extractos de éste. Puedes ponerlas mientras sigues la lectura o bien, como reforzamiento en tus momentos de reflexión. Suelo usarlas durante mis caminatas con Betsy y son de gran ayuda.

★ *El poder del ahora, de Eckhart Tolle.* Es otra guía imprescindible para ayudarte a aprender cómo manifestar tu poder creador. Este libro contiene el mismo mensaje de maestros como Cristo y Buda, de que estamos en capacidad de lograr la iluminación absoluta y por ende, de realización espiritual aquí y ahora. Nos enseña que el origen de todos los problemas que atravesamos no es "culpa" de otros, de las circunstancias, de los gobiernos, de nuestras parejas o de cualquier otra persona, sino, una creación de nuestra mente. A través de la meditación y la realización podemos superar estos obstáculos, dejando de vivir en el pasado y preocupadas del futuro.

★ *Guía del iniciado para crear la realidad, de Ramtha.* Es un libro basado en los conceptos espirituales de una antigua escuela que intenta restaurar en nuestro momento actual el vínculo entre lo visible e invisible, pero igualmente real. Aunque es muy profundo, es de la misma forma, concreto, ya que se fundamenta en la idea filosófica de Pitágoras de lo absoluto, donde desde el vacío está la potencia de crearlo todo, a partir de la armonía entre la consciencia y la energía.

En sus páginas encontrarás el camino para contemplarte en profundidad, para conocer y entender el origen de tus emociones de baja vibración como la ira, los celos, la envidia, los juicios, la crueldad y la tristeza, entre otras, aceptarlas y sanarlas, para darle espacio a la manifestación de la divinidad en tu vida.

★ *Las antiguas escuelas de sabiduría, de Ramtha.* ¡Son tantas las lecciones que descubrirás en este libro! Es un llamado de atención para aprendizajes profundos como es dejar de temerle a la muerte y comenzar a verla como aquello que es en realidad: un cambio de estado. Así como también enseña a valorar nuestros espacios, nuestros tiempos de silencio y el orden, para lograr la realidad que añoramos.

Ejercicios y rituales para la creación del futuro

⋙ Camina como una diosa, no desde el ego o la prepotencia, sino desde la grandeza del ser, desde tu divinidad. Creerás que es exagerado, pero nuestra manera de movernos en este plano tiene que ver muchísimo con la forma en que nos sentimos, con las emociones que generamos y, por ende, con nuestra capacidad creadora.

Si pudieras ver caminando a Jesús, a Mahoma, a Gandhi o cualquiera de los grandes líderes espirituales y seres iluminados hoy, por una calle de tu ciudad ¿cómo crees que irían? ¿Encorbados y abatidos? ¿Caminando inseguros? ¡Pues no! Estoy segura que lo harían parecido a las imágenes que solemos ver en películas donde los representan: erguidos, seguros, solemnes, mirando al horizonte. ¡Prácticamente levitando sobre el asfalto! Así debemos avanzar nosotras, para que nuestro ser completo se proyecte con toda su majestuosidad al universo. Toma consciencia de cada paso que das, siente cómo tu cuerpo entero debe intervenir con cada músculo, cada hueso y cada órgano. Agradece el poder hacerlo. Y disfruta el paseo como una diosa disfrutaría de sus jardines.

199

⋙ Respira para crear calma: No me cansaré de repetirte que la sencilla acción de respirar a consciencia frente a una situación adversa, frente al estrés o cualquier impulso tóxico que pueda desencadenar que vibres por debajo del nivel que has alcanzado espiritualmente, puede cambiar tu día. Por eso, antes de que tu cabeza empiece a funcionar mal o que lances palabras que más tarde te van a pesar, respira: -Exhala contando hasta siete, sostén hasta siete, inhala en siete y sostén el aire en siete. Así de fácil: exhalar, sostener, inhalar y sostener, todo en siete segundos. Repítelo varias veces hasta que la emoción negativa, ya sea de rabia, miedo, tristeza, celos o la que sea, se haya disipado.

⋙ Activa la oración: ésta ha sido la primera herramienta utilizada por mí en todos los procesos vividos. Orar es básico. Es poner en orden nuestras metas a sabiendas de que existe un poder que está en absoluto control de todo y que quiere lo mejor para cada una de nosotras. "YO SOY LA RESURRECCIÓN Y LA VIDA". ¿Te suena conocida? A todas nos enseñan desde niñas muchísimas oraciones y frases como ésta y las repetimos sin tomar en cuenta que son muy poderosas. Y ésa es precisamente la más potente que podemos expresar. Pues a partir de hoy hazlo con la certeza de que YO SOY LA RESURRECCIÓN Y LA VIDA. Repite: "¡YO SOY LA RESURRECCIÓN Y LA VIDA!" Todos los días: **"Yo Soy Dios en acción"**.

Donde vaya, donde quiera que me dirija y que me encuentre, ya sea un lugar o una situación, también repito con convicción que: **"La amada Presencia Yo Soy, la Magna Presencia de Dios y el Universo me guían, me brindan Sabiduría, Amor, Paz, Serenidad, Prosperidad, Abundancia, Salud y Vida con total Armonía"**.

200

➤ Practica esta meditación para crear autocuración: Cuando sientas los primeros síntomas o malestares de alguna enfermedad o te sientas abatida anímicamente por el impacto de una noticia, la visita de alguien que te drena la energía o simplemente te sientes cansada, medita creando la salud en tu vida. Concéntrate imaginando un rayo de luz verde intenso que recorre tu cuerpo desde la cabeza a los pies, pasando por cada centímetro de tu interior. Haz como un barrido con esta luz, para que vaya quitando cualquier "virus" o "germen" psíquico o físico, fortaleciendo y mejorando cada célula, de cada órgano. Luego, expande esta luz fuera de ti, alrededor tuyo, en tu aura, para que se convierta en una poderosa barrera de contención.

➤ Oración de gratitud hacia personas que son parte de tu historia o de algunos sucesos: **"Gracias, te amo por lo que eres, por lo que ha ocurrido y por lo que he aprendido de ti y de esta situación"**.

»» Práctica de creación:

Ponte cómoda.

Toma lápiz y papel. Si deseas, prende velas e incienso o ve a un lugar tranquilo y solitario. Empieza por respirar profundamente para aquietar cuerpo, mente y espíritu (puedes usar la respiración anterior de siete segundos).

Luego, retoma tus sueños. Haz memoria de aquellos proyectos de vida que tenías y que fueron quedando rezagados por el camino: una carrera, un trabajo distinto, aprender un oficio, viajar a un lugar determinado, tomar un año sabático, comprar una casa, un auto específico o quizás volverte adicta a la adrenalina en una moto... Lo que sea. Recuérdalos y anótalos.

Pon la fecha de hoy.

Es hora de empezar con el decreto de creación:

"Yo Soy la Resurrección y la Vida.
Yo Soy Dios y Amor, Aquí y Ahora.
Yo Soy la Llama Violeta que transforma y transmuta todo lo negativo que venga en mi contra
y me protege a donde quiera que voy.
Dios de Dios, Luz de luz,
Dios verdadero de Dios verdadero.
Yo Soy Aquí y Ahora,
Yo Soy la Amada Presencia de Dios.
Yo Soy Amor, Yo Soy Paz, Yo Soy sabiduría,
Yo Soy Vida, Yo Soy Salud, Yo Soy Prosperidad,
Yo Soy la definitiva fuente inagotable
de Abundancia Aquí y Ahora.

VIII. MI REGALO ESPECIAL PARA TI

Dicen que cuando uno está cambiando, todo en su entorno lo hace y que, cuando estamos preparados, el maestro llega. Y fue de manera casual, en conversaciones con mi abuela materna Isabel, en su finca en Jericó, Antioquia, hablando de las plantas y sus beneficios, que comencé a aprender el poder de la naturaleza y los rituales.

Mi abuela me dijo, por ejemplo, que para atraer amor propio y armonía en las relaciones con los demás, era muy bueno que me hiciera baños con pétalos de rosas rosadas... pero que no utilizara pétalos de rosas rojas, pues entonces no iba a aguantar la libido tan alta que tendría.

También mi amiga y guía espiritual Gilma me enseñó muchos rituales con cuarzos, piedra de alumbre, plantas, sal de mar y una lista inmensa de elementos que nos brinda la Madre Tierra. Los mismos que han sido utilizados desde hace miles de años por diferentes culturas alrededor del mundo y a través de la historia para limpiar el aura, nuestro cuerpo, nuestro espacio y nuestra energía.

Leyendo libros de historia y visitando lugares de culturas ancestrales como los mayas, los incas, los egipcios, los chinos, tribus de indígenas nativo americanos, encontré rituales en los que usaban los cuatro elementales (fuego, agua, tierra y viento) para conectarnos con la energía de cada uno y con la Pachamama, así como para limpiar nuestra energía y recargarla.

Para mis espacios personales y de trabajo siempre utilizo cristales, velas, algunas plantas, elementos y esencias que armonizan cada lugar y las energías que tiene y recibe.

Como verás, he compartido contigo muchas lecturas, videos, ejercicios, meditaciones y oraciones que he usado a lo largo de los años, ayudándome a lograr determinados objetivos y que actualmente utilizo regularmente para limpiarme interiormente, tranquilizarme, concentrarme, sanarme, crecer y sobre todo, para crear lo que quiero en mi vida. Pues ahora tengo algo tan preciado como esa información. Se trata de algunos rituales o ejercicios espirituales para momentos precisos del año como la celebración de Navidad, los cambios de estación, tu cumpleaños y también para situaciones por resolver.

Lo hago, para recordarte que esos instantes son hitos en tu vida porque se conjugan una serie de factores energéticos que, si sabes utilizarlos, tomando consciencia y poniendo tus intenciones a trabajar, puedes darle un impulso inmenso a tus metas. También te insto a que investigues y utilices todo de este maravilloso mundo, casi mágico, que se ha perdido con la llegada de la industria químico-farmacéutica y de algunas tecnologías.

Antes de realizarlos escoge el momento y lugar adecuados. Piensa siempre que ese tiempo que le dedicas a "poner en orden" tus intenciones, a decantar las prioridades y a tomar consciencia de tu presente para crear el futuro es un obsequio para ti, que mereces y necesitas para fluir y avanzar. No te recrimines por "perder" unos minutos de trabajo o de otra actividad. Disfruta este instante de la manera más amorosa posible, con gratitud y placer.

RITUAL PARA DECRETAR Y MATERIALIZAR TUS DESEOS

1. Establece claramente qué quieres y cuál es la intención por la cual deseas crear. Es importante que tengas una intención buena, noble y honorable. La real motivación no debe nacer desde el ego, sino desde el ser interior (un plan constructivo, un deseo de perfección).

2. Expresa y escribe qué es lo que quieres. Sé muy concreta con tus palabras.

3. Cierra los ojos y visualízalo, en perfecta condición. Siente la sensación de que esa creación, ese deseo ya se ha manifestado.

4. Lee durante el día aquello que has escrito. Dilo en voz alta, sintiendo esa satisfacción y alegría de que ya lo has obtenido. Léelo especialmente antes de ir a la cama, justo antes de dormir, para que tu subconsciente siga trabajando en la creación de lo que deseas.

205

5. No compartas con nadie tu deseo y visualización. Es tu proceso de creación, muy personal e íntimo.

   Es tu creación, es tu proyecto y es tu decisión.

   Comentarlo a otras personas no es conveniente, puesto que a veces los demás nos hacen dudar.

   Este proceso de creación es tuyo, de tu dios interior y de la perfección del universo.

6. Sólo espera a que todo se dé para ti en el momento preciso. Todo es perfecto en la unidad divina de tu cuerpo físico, tu alma y tu espíritu.

7. No dudes, no tengas temor. Por eso es muy importante y fundamental lo que deseas crear, decretar y la intención de lo que quieres. Eres inteligencia divina y tienes la energía perfecta para tu creación, como una diosa.

   "Muchos son los llamados y pocos los elegidos". Esto significa que todos estamos en capacidad de ser dioses creadores, pero muy pocos son los que desean abrir sus mentes y corazones a esta realidad, a este poder. Prefieren seguir como borregos hacia el matadero y no tomar consciencia en trabajar para desarrollar su poder. Es más fácil sentarnos a esperar que otros hagan todo por nosotros o sentirnos víctimas y continuar con una vida llena de drama y escasez. Somos libres de hacer y crear la vida que queremos. Crecer duele pero es necesario. Es necesario caer y levantarse para aprender a caminar o incluso, en ocasiones, hasta rompernos la cabeza, para lograr el objetivo de avanzar.

"Pedid y se os dará".
Que Así Sea

206

RITUAL DE CUMPLEAÑOS

Nuestro aniversario de nacimiento es el momento en que recordamos el instante exacto en que aterrizamos en este plano físico, para cumplir con el propósito de esta encarnación. Por lo tanto, se concentra mucha energía y es importante potenciarla. Y para eso, podemos regalar a nuestras personas más queridas y regalarnos a nosotras. Regalas a otros seres humanos porque es la energía con la que entraste a este plano terrenal.

Para comenzar este ritual, siéntate en un lugar tranquilo y si quieres, prendes una vela. También puedes hacerlo en tu jardín, a la orilla del mar, en un parque o cualquier sitio apacible que te agrade y donde sientas calma.

Tomas una respiración profunda. No necesitas hacer una meditación trascendental. Basta con que aquietes tu mente por unos minutos y respires.

Piensa en alguien a quien quieras hacerle un regalo: a alguno de tus seres queridos, amigos, pareja, hijos, compañera de trabajo o alguien que puede que no conozcas tanto, pero que te inspire entregarle un obsequio. A cada persona la visualizas. Luego, la saludas con amor, diciendo:

"Mi espíritu saluda a tu espíritu en armonía y con mucho amor. Hoy es el día de mi natalicio y te regalo..."

Le dices a su espíritu qué te gustaría regalarle y lo visualizas.
Así lo repites, sucesivamente, con cada persona que estimes y sientas en tu corazón el deseo de obsequiarle algo que consideres que necesite o anhele.
Puedes hacerlo con cuantas personas desees.
Al día siguiente no requieres hacer nada especial, es un día neutro. Pero al segundo día de tu cumpleaños, regálate algo para ti: un masaje, un vestido que hayas visto y te encante, un lápiz labial, una cartera o un nuevo teléfono, por ejemplo. Cualquier cosa que desees. Puede ser algo material o bien, regalarte simplemente un momento especial, exclusivo para ti: un día de playa, una noche para salir a bailar o bien, una meditación. Lo importante es que te obsequies algo que te haga feliz.

RITUAL DE NAVIDAD

La celebración de la Navidad en diciembre es un momento del año que está cargado de una energía muy especial. El amor fluye de manera intensa porque coinciden más de treinta celebraciones de distintas religiones, culturas (desde la romana a la precolombina) e incluso de épocas diversas. Además, coincide con el solsticio de invierno en el hemisferio norte, con la noche más larga del año. Simbólicamente, para muchos, es en realidad, la celebración universal de la luz sobre las tinieblas. Imagina entonces ¡cuánta energía disponible para crear!

El siguiente ritual y oración de Navidad los he realizado durante años. Comienzo por escribir en un papel la oración con mis peticiones y las guardo en mi billetera.

Puedes abrirla durante el año y revisarlas. En mi caso, no lo hago sino hasta el año siguiente, durante la próxima noche de Navidad.

Luego, haz la siguiente oración con mucho sentimiento. Sentir cada palabra vibrar en tu corazón es la clave.

"En nombre de la Amada, Magna y toda Poderosa presencia YO SOY, doy al Santo Espíritu de la Navidad la bienvenida, quien baja a visitar nuestro planeta con la misión de dar".

Posteriormente, doy gracias por todas las peticiones realizadas en el año que termina y por las que voy a alcanzar en el año que comienza. Y continúo:

"Hoy dejo ante ti las siguientes peticiones...
Salud, Paz, Armonía y Prosperidad mental, física y económica. Paciencia, Sabiduría, Amor, Vida y Fortaleza".

(Haz también tu lista de peticiones personales y específicas).

Finaliza diciendo:

"Todo esto lo pido de manera Perfecta, bajo la Gracia Divina y en Armonía con todo el Universo.
Así Es, Así Es y Así Será.
Gracias Padre que me has escuchado".

RITUAL PARA CELEBRAR EL SOLSTICIO DE INVIERNO

Es importante realizarlo a las 6pm, a las 9 pm o a las 12 de la medianoche.

A la hora que escojas, escribe algo que quieras pedirle al universo y algo que no quisieras recibir.
Enciende una vela roja, una verde y una blanca.
Escribe la petición en un papel.
Haz la siguiente oración:

"En nombre de la Amada, Magna y Todopoderosa Presencia
"Yo Soy", doy la bienvenida al Santo espíritu de la Navidad,
quien baja hoy a visitar nuestro planeta, con la misión de dar".

Comienza saludando y dando gracias por todas las peticiones realizadas en el año que termina y por todas las que vas a alcanzar en el año que comienza.

"Hoy dejo ante ti las siguientes peticiones: ..... (menciona lo que deseas) en Armonía con todo el universo, de acuerdo a la voluntad divina, bajo la Gracia y de manera Perfecta.
Gracias Padre porque me has escuchado.
Así Sea".

Guarda la petición durante todo el año, hasta diciembre 21, cuando las quemas y realizas un nuevo ritual, con una nueva petición.

RITUAL PARA EL EQUINOCCIO DE PRIMAVERA

necesitas:

- Sal de mar
- Jabón de coco
- Para la infusión necesitas:
- 1 cucharada de alguna loción (azahar, lavanda, naranja o la que más te guste)
- 1 cucharada de aceite de almendras
- Pétalos de rosas (rosadas, blancas o amarillas)
- Azúcar o miel
- Mirra o incienso
- Una vela

Prepara previamente la infusión para el baño dejando reposar los pétalos de rosas en agua durante al menos un par de horas. Luego le agregas el resto de ingredientes: loción, aceite de almendras, el azúcar o miel. Mezclas bien y lo cuelas.
Enciende la mirra o incienso y la vela.
Primero te bañas de pies a cabeza usando la sal de mar y el jabón de coco.
Luego te enjuagas con la infusión.

Mientras realizas este baño, da gracias de antemano, consciente de que lo que pidas a continuación ya es real. Finalmente realiza tu petición.

Bendice en nombre de Cristo, por el poder de Cristo y por toda la potestad del cosmos.

Así Sea, Así Será.

RITUAL DEL VASO DE AGUA ANTES DE DORMIR

A través de los sueños podemos crear o podemos encontrar soluciones a situaciones que requieren ser resueltas. Por eso, debemos aprovechar esa conexión con nuestro subconsciente. Si no recuerdas lo que sueñas, no te preocupes. Pero, para mejorar tu capacidad de recordación de los sueños, te recomiendo realizar el siguiente ejercicio:

1. Llena un vaso de agua y antes de dormir, bebe la mitad. Agradécele al agua y a tu subconsciente por permitirte recordar el sueño y tomar consciencia de lo que necesitas y deseas saber.
2. Al despertar por la mañana, bebe el resto de agua que queda en el vaso. El agua es uno de los mejores transmisores de energía. También te recomiendo que en tu mesa de noche mantengas un cuaderno o libreta, con un lápiz para que apenas recuerdes tu sueño, lo anotes. De esa manera puedes ir escribiendo todo aquello que surja durante la noche o por el día.

A medida que pase el tiempo irás tomando más consciencia e irás desarrollando tu capacidad para encontrar respuestas a todo lo que deseas resolver. Puedes utilizarlo para crear tus deseos. Recuerda que "la práctica hace al maestro", y entre más practiques, más habilidades desarrollarás. Depende sólo de ti, de nadie más. Y es un proceso de crecimiento muy personal para alcanzar la perfección día a día.

RITUALES PARA LIMPIAR EL AURA

RITUAL 1

necesitas:

- Piedra de lumbre
- 2 tazas de agua
- 1 cucharada de azúcar morena
- 1 cucharada de miel
- 1 paño suave o toalla pequeña

Hierve por unos minutos las dos tazas de agua con la piedra de lumbre, azúcar y miel. Deja que se enfríe. Luego, humedece la toalla con esta mezcla y pásala por todo tu cuerpo, especialmente en el área de tus genitales y en los pies.

RITUAL 2

necesitas:

- 1 vaso de alcohol
- 2 o 3 cucharadas de sal de mar

Mezcla ambos ingredientes hasta que la sal esté completamente disuelta. Pon la solución en un vaso de vidrio resistente al calor y enciéndelo con un fósforo. Lo pones sobre un plato en el suelo y das vueltas alrededor hasta que se queme el alcohol. (Con extrema precaución de no acercarte demasiado).

Ritual 3

necesitas:

- Media botella de aguardiente

Antes de bañarte, usa el aguardiente para limpiar y frotar tus genitales. Esta limpieza es especialmente útil para aquellas personas promiscuas o que han tenido relaciones íntimas con una persona que lo es.

RITUAL PARA LIMPIAR UN APARTAMENTO O CASA TRAS UNA SEPARACIÓN O DIVORCIO

necesitas:

- Un ramo de ruda fresca
- Una botella de alcohol
- Hojas de altamisa (artemisia, ambrosia peruviana, mugwort)
- Hojas de ruda (peganon, arruda)
- Hojas de salvia (sage)

Haz una escoba con el ramo de ruda y barre todo (techo, piso, muebles).
Mueve todo de su sitio.
Luego, en la botella de alcohol pon las hojas de altamisa, ruda y salvia.
Ponte unos guantes y empapa un trapo con la preparación anterior.
Pásalo por todos los muebles y artículos de la casa para limpiarlos con esta solución.
Con esto anulamos la energía de aquella persona con la que estuviste unida o casada.

RITUAL PARA CALMAR LAS ENERGÍAS

Luego de limpiar el ambiente con el ritual anterior, enciende velas, inciensos y pon música suave (de preferencia, Mozart).

RITUAL PARA ARMONIZAR LAS ENERGÍAS

»» Concéntrate y enfoca tus deseos en que esa persona que ya no es parte de tu vida esté bien y encuentre su felicidad. Deséale su máximo bien "de manera Perfecta, bajo la Gracia Divina y en Armonía con todo el universo".

»» Visualiza lo que será tu vida a partir de ahora, con estabilidad, paz, felicidad, abundancia, etc.
Comienza a agradecer por todo esto desde ya.

RITUALES DE PREPARACIÓN PARA UNA CITA CON ABOGADOS

RITUAL 1
Trapea toda tu casa con esencia de albahaca o citronella.
Te recomiendo que si tienes un trámite pendiente, hagas esto con relativa frecuencia (una vez a la semana).

RITUAL 2
Otra manera de prepararte es diluyendo 1 cucharada de amoniaco en 2 o 3 vasos de agua o vinagre blanco.
Usa esa mezcla para limpiar los baños, lavamanos y lavadora.

RITUAL 3

Prepara un baño con aguardiente para usar en la vagina, planta de los pies, axilas y manos.

Hazlo empapando una mota de algodón y te la pasas por esas zonas de tu cuerpo.

RITUAL 4

Al día siguiente de realizar en ritual anterior, haz una mezcla de piedra lumbre, miel y azúcar morena para pasarte por el cuerpo antes del baño.

RITUAL PARA NEUTRALIZAR A PERSONAS Y ENERGÍAS NEGATIVAS, EN PROBLEMAS, CON DEFICIENCIAS MENTALES Y EMOCIONALES

necesitas:

215

- Una piedra turmalina.
- Luego, límpiala con medio vaso de agua con sal.
- Tómala entre tus manos y cúbrela con el vaho de tu aliento unas 10 o 12 veces, diciendo:

"Convoco al interceptor elemental, para que por medio de él reprograme esta turmalina para que recoja, elimine y esparza toda energía limitante, negativa y falta de armonía para mí y mi entorno, en especial, las emanadas por xxxx (mencionas aquellas personas que quisieras neutralizar).

Gracias por el favor recibido.

Pidiendo que estos elementales obtengan valores para su próxima evolución.

Bendigo la piedra turmalina en el nombre del Padre, del Hijo y del Espíritu Santo, Amén. Por el Santotetragranaton".

RITUAL PARA BLOQUEAR LOS RAYOS EMITIDOS POR UN COMPUTADOR

Pon al lado o encima de éste: una piedra turmalina y una piedra amatista.

RITUAL PARA UNA SITUACIÓN DIFÍCIL

necesitas:

- Una vela grande o velón
- Un marcador de tinta indeleble, un lápiz o palillo con el que puedas escribir sobre la vela.

Con el marcador o lápiz, escribe sobre la vela aquello que deseas solucionar. Luego, haz esta oración:

"Padre-Madre Divina,
te doy gracias por todos los favores recibidos.
(Menciona lo que deseas)
Por haberme concedido la riqueza, abundancia y prosperidad
que viene a nosotros en todo momento,
de todas las formas y en todas partes.
Por estar conmigo en todo momento,
acompañándome y ayudándome.
Así Es, Así Es y Así Será".

Cuando la tinta esté seca, aplícale una esencia de la mitad de la vela hacia arriba, realizando al mismo tiempo una respiración profunda, inspirando y exhalando. Luego, repite lo mismo de la mitad hacia abajo. Escribe también la petición en un papel y consérvalo hasta que la situación esté resuelta.

RITUAL PARA OBTENER BUENAS
OPORTUNIDADES DE TRABAJO

Utiliza una vela o velón y un marcador de tinta indeleble o uno con el que puedas tallar.

Escribe en éste tu petición de: **"mejores oportunidades laborales para...** (puedes ser tú, tu pareja o esposo, un hijo, etc. Menciónalos)**, con las cuales podamos obtener estabilidad y crecimiento económico, profesional y personal.**

**"Gracias Padre porque me has escuchado.
Así Es, Así Es y Así Será".**

217

IX. ANTES DE DESPEDIRME...

Hay tantas y tantas cosas que quisiera decirte, que me faltarían páginas para continuar compartiendo contigo. Pero estoy segura de que si has llegado hasta aquí, se debe a un ansia de conocimiento, a que estás en el momento perfecto para esa búsqueda y que, como ves, no estás sola en ese camino.

Cada ser humano tiene miles de "capítulos" en su historia personal... Algunos alegres, otros más complejos, pero como pudiste ver en la mía, NADA puede obligarnos a torcer ese destino de perfección al que tenemos derecho.

Ciertamente, hay momentos en que la cuesta se ve tan nefasta y empinada, que nos hace tambalear y dudar de si somos capaces de seguir adelante... Me consta. En situaciones tan difíciles como quedarme sin trabajo en Puerto Rico, en un país extraño, con mil responsabilidades por cumplir, enfrentándome a un mundo sola, con tantas adversidades como el no tener ingresos... Sentir ese pánico al saber que debía empezar de cero, en una sociedad que no era la mía... Luego, en Miami, después de ayudarle a mi ex-esposo a establecer su negocio y de un momento a otro, perder a mi padre, pasar por dos cirugías y en menos de un mes, recibir el golpe de la petición de divorcio, sin estar preparada y con el temor de no tener ni siquiera dónde ir... En fin... Tantos momentos en los que, tal como te puede haber pasado o incluso, estar pasando a ti, se nos remece el piso.

No soy tan distinta a ti. Me he enfrentado a cientos de situaciones adversas que me han dejado en pedazos. Me ha tocado ser testigo de hechos dolorosos e injustos. Así como también he sido protagonista de algunos episodios que me han remecido por completo. Con todo eso, he aprendido que enfrentar nuestros miedos no es cuestión de valentía, pues incluso ésta puede llevarnos a flaquear. Se trata de no perder nunca la ilusión y el entusiasmo ante lo nuevo, la esperanza frente a cada día que comienza, las ganas de ser el hombro de quien lo requiera y el deseo inmenso de correr el riesgo de amar, con todo nuestro ser.

La gran diferencia que ha marcado mi vida es que en cada ocasión, lejos de dejarme abatir por el temor, el dolor y la adversidad, he recordado esa frase de mi abuela: *"a lo único que debemos tenerle miedo es a sentir miedo"*. Sostenida en esa certeza, he tomado fuerzas para convertir esas emociones tan intensas en creaciones.

En nuestro ser más profundo radica nuestro poder creador. Se trata simplemente de que lo hagas vibrar, que trasciendas a las nimiedades del mundo y te enfoques en la generosidad absoluta del universo, dispuesta para ti. Llámala con amor y crea la vida que has soñado y mereces.

Así Es, Así Es y Así Será.

Lina Roldán

X. SOBRE LA AUTORA

Lina Roldán es una motivadora innata. Ejemplo de la mujer latina empoderada que ha desarrollado su propia estrategia para superar todos los obstáculos culturales, sociales y emocionales, logrando el éxito, la armonía y la prosperidad en cada aspecto de su vida.

Nacida en Medellín, Colombia, durante gran parte de su niñez y adolescencia experimentó situaciones de abuso sexual, el divorcio de sus padres y problemas de conducta escolar, entre otros. Si bien, estos ejercieron un impacto en ella, también se convirtieron en motivación para aceptarlos, superarlos y crear su particular modelo de vida.

Lina es una mujer que no se ha dejado paralizar por el temor, aun en las situaciones más difíciles de la vida, pues siempre recuerda las palabras de su abuela Isabel: "A lo único que debemos tenerle miedo es al propio miedo".

Se convirtió en Administradora de Empresas, graduada de una de las universidades más prestigiosas de Medellín, con postgrado en Finanzas y Evaluación de Proyectos y ha sido también profesora universitaria. Sin embargo, su mayor realización profesional y éxito económico lo ha alcanzado como empresaria, creando prototipos de negocios de acuerdo a sus necesidades y requerimientos específicos del momento.

Lina descubrió de forma autodidacta a través de las principales obras de metafísica, así como mediante destacados maestros espirituales tradicionales y contemporáneos, los conocimientos que le han permitido trascender a toda situación compleja y crear la vida que soñó. Una experiencia que ha querido plasmar en estas páginas y compartirlas contigo para que abandones el papel de víctima y descubras tu capacidad creadora y merecedora de toda la abundancia, prosperidad y opulencia que el universo tiene para ti.

XI. BIBLIOGRAFÍA

➤ www.unesco.org (Datos abuso de niños en Latinoamérica)

➤ Méndez, Conny. (Primera edición) Metafísica 4 en 1, Colombia. Editorial Nacional

➤ Hellinger, Bert. (Marzo 1, 2000). Reconocer lo que es. USA. Erder Editorial

➤ Leonard, Linda Schierse. (Diciembre 30, 2005) La mujer herida: sanar la relación padre-hija (The Wounded Woman). Barcelona, España. Editorial Obelisco

➤ McBride, Karyl. (2013) Madres que no saben amar. España. Urano Editorial.

➤ Bass, Ellen & Davis, Laura (1995) El coraje de sanar. Guía para las mujeres supervivientes de abusos sexuales en la infancia. Bogotá, Colombia. Ediciones Urano.

➤ Norwood, Robin. (2016) Las mujeres que aman demasiado. USA. Kindle Edition.

➤ Osho. (2002) Amor, libertad y soledad. Una nueva visión de las relaciones. México. Gaia Ediciones/Editorial Océano.

➤ Knight, JZ. (1990) Independencia financiera, RAMTHA. USA. Sin Límites Editorial.

➤ Knight, JZ. (1996) Las antiguas escuelas de sabiduría, de Ramtha. USA. Sin Límites Editorial.

➤ Knight, JZ. (Abril de 1999) Guía del iniciado para crear la realidad, de Ramtha. USA. Sín Límites Editorial.

➤ Knight, JZ. (2000) El plano sublime, RAMTHA. USA. Sin Límites Editorial.

➤ St. Germain. (Marzo 2007) El libro de oro de Saint Germain. Bogotá, Colombia. Editorial Solar.

➤ Tolle, Eckhart. (2000) El poder del ahora. Un camino hacia la realización espiritual. Latinoamérica. Grupo Editorial Norma.

➤ Pellicer M, Jorge. (2015) Curso de milagros.USA. Audiolibro.

➤ Hay, Louise. (2015) Cómo amarse uno mismo. USA.Audiolibro.

➤ Ramniceanu, Jocelyne.(2017) Palabras mágicas. USA. Kindle Edition.